Hannes Krüger

Regionale Antworten auf elektorale Gewalt

Eine Analyse der
Konfliktmanagementkapazitäten afrikanischer
(sub-)regionaler Organisationen

Diplomica® Verlag GmbH

Krüger, Hannes: Regionale Antworten auf elektorale Gewalt: Eine Analyse der Konfliktmanagementkapazitäten afrikanischer (sub-)regionaler Organisationen, Hamburg, Diplomica Verlag GmbH 2012

ISBN: 978-3-8428-9054-1
Druck: Diplomica® Verlag GmbH, Hamburg, 2012

Bibliografische Information der Deutschen Nationalbibliothek:
Die Deutsche Nationalbibliothek verzeichnet diese Publikation in der Deutschen Nationalbibliografie; detaillierte bibliografische Daten sind im Internet über http://dnb.d-nb.de abrufbar.

Die digitale Ausgabe (eBook-Ausgabe) dieses Titels trägt die ISBN 978-3-8428-4054-6 und kann über den Handel oder den Verlag bezogen werden.

Dieses Werk ist urheberrechtlich geschützt. Die dadurch begründeten Rechte, insbesondere die der Übersetzung, des Nachdrucks, des Vortrags, der Entnahme von Abbildungen und Tabellen, der Funksendung, der Mikroverfilmung oder der Vervielfältigung auf anderen Wegen und der Speicherung in Datenverarbeitungsanlagen, bleiben, auch bei nur auszugsweiser Verwertung, vorbehalten. Eine Vervielfältigung dieses Werkes oder von Teilen dieses Werkes ist auch im Einzelfall nur in den Grenzen der gesetzlichen Bestimmungen des Urheberrechtsgesetzes der Bundesrepublik Deutschland in der jeweils geltenden Fassung zulässig. Sie ist grundsätzlich vergütungspflichtig. Zuwiderhandlungen unterliegen den Strafbestimmungen des Urheberrechtes.

Die Wiedergabe von Gebrauchsnamen, Handelsnamen, Warenbezeichnungen usw. in diesem Werk berechtigt auch ohne besondere Kennzeichnung nicht zu der Annahme, dass solche Namen im Sinne der Warenzeichen- und Markenschutz-Gesetzgebung als frei zu betrachten wären und daher von jedermann benutzt werden dürften.

Die Informationen in diesem Werk wurden mit Sorgfalt erarbeitet. Dennoch können Fehler nicht vollständig ausgeschlossen werden, und der Diplomica Verlag, die Autoren oder Übersetzer übernehmen keine juristische Verantwortung oder irgendeine Haftung für evtl. verbliebene fehlerhafte Angaben und deren Folgen.

© Diplomica Verlag GmbH
http://www.diplomica-verlag.de, Hamburg 2012
Printed in Germany

Gliederung

1. **THEMATISCHE HINFÜHRUNG UND AUFBAU DES BUCHES** 7
2. **METHODISCHE ÜBERLEGUNGEN** 14
3. **ELEKTORALE KONFLIKTE - URSACHEN UND AUSPRÄGUNGEN** 18
   - 3.1. DAS WAGNIS DEMOKRATIE 21
   - 3.2. GEWALT IM/ALS SYSTEM 26
4. **(SUB-)REGIONALE ORGANISATIONEN IN AFRIKA** 30
   - 4.1. VOM PAN-AFRIKANISMUS ZU REGIONALEN SICHERHEITSREGIMEN 31
   - 4.2. KURZVORSTELLUNG DER (SUB-)REGIONALEN ORGANISATIONEN 36
     - *4.2.1. AU* 37
     - *4.2.2. ECOWAS* 38
     - *4.2.3. EAC* 40
     - *4.2.4. IGAD* 40
5. **KONFLIKTMANAGEMENT (SUB-)REGIONALER ORGANISATIONEN** 43
   - 5.1. DAS GLOBALE KONFLIKTMANAGEMENTSYSTEM DER UN 45
   - 5.2. EIGENANSPRÜCHE AFRIKANISCHER (SUB-)REGIONALER ORGANISATIONEN 47
     - *5.2.1. AU* 47
     - *5.2.2. ECOWAS* 51
     - *5.2.3. EAC* 53
     - *5.2.4. IGAD* 54
6. **THESEN** 58
7. **DIE PRÄSIDENTSCHAFTSWAHLEN IN CÔTE D'IVOIRE 2010** 61
   - 7.1. ABLAUF DER PRÄSIDENTSCHAFTSWAHLEN 2010 62
   - 7.2. INTERVENTIONEN VON (SUB-)REGIONALORGANISATIONEN 64
8. **DIE PRÄSIDENTSCHAFTSWAHLEN IN KENIA 2007** 70
   - 8.1. ABLAUF DER PRÄSIDENTSCHAFTSWAHLEN 2007 70
   - 8.2. INTERVENTIONEN VON (SUB-)REGIONALORGANISATIONEN 72
9. **DISKUSSION DER INTERVENTIONEN UND BEANTWORTUNG DER FORSCHUNGSFRAGE** 79
10. **VOM NUTZEN (SUB-)REGIONALER ORGANISATIONEN BEI ELEKTORALEN KONFLIKTEN** .. 90
11. **LITERATURVERZEICHNIS** 95
12. **ANHANG** 109

1. Thematische Hinführung und Aufbau des Buches

Im Jahr 1989 wurden rund 60% der afrikanischen Staaten von Einparteiensystemen regiert. 1993, nur vier Jahre später, traf dies auf keinen einzigen mehr zu (Takeuchi 2007: 176). Es ist nicht feststellbar, ob diese plötzlichen Veränderungen in den politischen Systemen der Staaten hauptsächlich durch interne oder durch externe Einflüsse bewirkt wurden (Bratton/van de Walle 1997, Richard 1999). Es bleibt jedoch festzuhalten, dass die Beeinflussung durch die USA und zahlreiche andere internationaler Organisationen, geprägt von der Annahme, dass die Einführung eines Mehrparteiensystems zwingend Frieden schaffen und erhalten würde (Snyder 2000: 15), wesentlichen Einfluss ausübte.

So durchliefen im selben Zeitraum 32 der Staaten in Afrika einen Regimewechsel hin zu einem liberaleren Mehrparteiensystem. In 20 davon brachen dabei gewaltsame Konflikte aus (Takeuchi 2007: 182). Mit unerbittlicher Regelmäßigkeit wurde schon damals aufgezeigt, dass sich Demokratie und Gewalt nicht ausschließen, dass Demokratie das Aufflammen von gewaltsamen Konflikten sogar noch bestärken kann, wodurch die Frage der Gewalt in Zusammenhang mit demokratischen Prozessen in den Brennpunkt der politischen Debatte um und in Afrika rückte.

Wahlen, und damit der Wettstreit um politische Macht, sind auch im modernen Afrika eine der Hauptkonfliktursachen (Muna 2006: 4). Allgemein sind Spannungen und Konkurrenzdenken in den Prozessen einer Demokratie bis zu einem gewissen Grad wünschenswert, insofern dadurch ein fairer Wettbewerb zwischen den antretenden Parteien und/oder Individuen entsteht. Sie bergen aber auch die Gefahr, schlimmste Entwicklungen auszulösen (AU 2010f: X). So münden ein Viertel aller Wahlen in Afrika in Gewalt[1], bei 19 Prozent der Wahlen sterben sogar mindestens 20 Menschen (Bekoe 2010: 1, Fußnote 3). In Anbetracht dieser Studien und im Bewusstsein, dass im Jahr 2012 Wahlen in 20 afrikanischen Staaten abgehalten werden sollen[2], erschließt es sich schnell, warum eine nachhaltig friedliche Prävention von und eine zeitnahe und effektive Reaktion auf elektorale Gewalt von zentraler Bedeutung für die afrikanische Bevölkerung sind.

---

[1] Bei der genannten Untersuchung gilt eine Wahl als gewaltvoll, wenn bei ihrer Durchführung mindestens eine Person getötet wurde.
[2] Die Anzahl bezieht sich auf Wahlen, die dem jeweiligen Turnus entsprechend abgehalten werden sollen bzw. für das Jahr 2012 angekündigt wurden. Aufgrund besonderer politischer Ereignisse können die Termine jedoch verschoben oder abgesagt werden. Eine Liste der Wahlen in Afrika 2012 wird von der International Foundation For Electoral Systems (IFES) bereitgestellt unter http://www.electionguide.org/search-results.php?type=&country=&search_year=2012&submitted=1&submit.x=70&submit.y=12 15.01.2012.

Die hohe mediale Aufmerksamkeit der Ausschreitungen im Zusammenhang der Präsidentschaftswahlen in Kenia 2007 hat in den letzten Jahren die Thematik der elektoralen Gewalt noch stärker in den Fokus des politischen und wissenschaftlichen Interesses gerückt (Höglund/Jarstad 2010). Wie auch in diesem konkreten Fall geschehen, spielen (sub-) regionale Organisationen (srO) eine zunehmend wichtige Rolle im Management elektoraler Konflikte, da die spezifische Ausprägung der nationalen politischen und sozialen Strukturen eher Grund als Hindernis dieser sind (Hettne/Inotai 1994: 33). Die srO könnten somit die Grundlage für eine friedliche Entwicklung in Afrika legen (Kumar 2009: 26).

Die Beschäftigung mit sicherheitspolitischen Themen ist für die, zumeist ursprünglich für wirtschaftliche Kooperationen gegründeten srO in Afrika (wie zum Beispiel die *Economic Community of West African States* - ECOWAS, die *Afrikanische Union* - AU oder die *East African Community* - EAC) jedoch eine relativ neue Entwicklung und steht in einem engen Zusammenhang mit den Veränderungen im globalen politischen System seit dem Ende des Kalten Krieges. Nach Meyer gab und gibt es vier wesentliche Entwicklungen, die in Afrika eine Stärkung der srO mitbestimmten (vgl. Meyer 2008: 13–14). Das Ende der internationalen Bipolarität 1990 wirkte sich durch den jähen Abbruch sämtlicher, teils seit Jahrzehnten bestehenden, bilateralen Beziehungen zwischen den afrikanischen Staaten und der sie jeweilig unterstützenden Supermacht direkt auf die herrschenden Eliten aus und somit auch auf die vorherrschende politische Ordnung innerhalb der Staaten. Hinzu kam eine rasant wachsende Interkonnektivität, die sich zunächst vor allem in weltumspannenden Wirtschaftsbeziehungen zeigte, an denen die afrikanischen Staaten jedoch nur peripher beteiligt wurden. Schlecht gesicherte Grenzen, begründet in der politisch schwachen und wirtschaftlich angeschlagenen Position der afrikanischen Regierungen, konnten die zunehmende Transnationalisierung von illegalen Wirtschaftszweigen und alternativen politischen Bewegungen nicht kontrollieren oder lenken. Neu ausbrechende gewaltsame Konflikte schaffen dadurch Räume für international agierende Kriegswirtschaften, wodurch unkontrollierbare Flüchtlings-, Rebellen- und Schmuggelströme die Sicherheitssituation in den Staaten teilweise drastisch verschlechterten. Zusammen bewirkten diese Entwicklungen, dass sich die Staaten ihrer, einzeln betrachtet, schwachen politischen und wirtschaftlichen Staatlichkeit bewusst wurden und Lösungen suchten, um bestehende staatenübergreifende Konflikte friedlich zu lösen, den Ausbruch neuer Konflikte zu verhindern und eine wohlstandsfördernde Wirtschaftspolitik zu ermöglichen. Aus diesem Grund wurden die Aufgabenbereiche der bereits vorhandenen Wirtschafts-srO um sicherheitspolitische Aspekte erweitert, mit dem Ziel, auf regionaler Ebene gemeinsam Kapazitäten zur Konfliktschlichtung zu entwickeln und (elektorale) Konflikte eigenständig lösen zu können (Hettne/Inotai 1994: 33).

Aus der komplexen politischen und sozio-ökonomischen Situation des Kontinents und den multidimensionalen Ursachen von elektoraler Gewalt ergeben sich jedoch auch entsprechend hohen Ansprüche an das Konfliktmanagement von elektoraler Gewalt.

Denn es ist zu beachten, dass elektorale Gewalt die unterschiedlichsten Formen annehmen kann und geprägt ist von den jeweiligen politischen und sozialen Umständen wie auch von den angestrebten Zielen der Gewaltanwendenden. In dieser Studie wird elektorale Gewalt definiert als „[...] any random or organized act or threat to intimidate, physically harm, blackmail, or abuse a political stakeholder in seeking to determine, delay, or to otherwise influence an electoral process" (Fischer 2002: 3).

Es ist hervorzuheben, dass der Wahlprozess *per se* nicht die direkte Ursache von Gewalt ist, sondern dass elektorale Gewalt die Manifestation von innerhalb des politischen Systems nicht gelösten sozialen und politischen Asymmetrien ist (EISA 2010a: 5). Daher ist es im Umgang mit elektoraler Gewalt essentiell, Wahlen als einen fortlaufenden dynamischen Prozess und nicht als ein isoliertes Ereignis zu verstehen und zu behandeln. Die vorbereitenden Maßnahmen eines Urnenganges können schon Monate vor der Wahl beginnen und erfordern bei der Unterstützung der Durchführung eine langfristige Einbeziehung des gesamten Wahlzykluses (vgl. Kapitel 3.2). Denn ebenso vielschichtig und zahlreich wie die Ursachen elektoraler Gewalt, sind dadurch die Möglichkeiten, diese Konflikte in friedliche Bahnen zu lenken.

Ganz allgemein findet Konfliktmanagement, einer Definition der Afrikanischen Union folgend, Anwendung, wenn ein Konflikt, also die „gefühlten Differenzen zu einem Thema zwischen mindestens zwei Parteien zu ein und demselben Zeitpunkt" (Swanström/Weissmann 2005: 9), zu eskalieren droht und umfasst sämtliche Maßnahmen, welche die Gewaltintensität im Zusammenhang mit diesem Konflikt reduzieren. (AU 2010f: 45, eigene Übersetzung). Bei bereits ausgebrochenen elektoralen Konflikten ist dies zumeist gleichzusetzen mit diplomatischen Bemühungen, die mitunter mit wirtschaftlichen Sanktionen oder der Androhung solcher einhergehen. Ziel dieser Aktionen ist, die Anwendung von Gewalt und eine Eskalation des Konfliktes für die Konfliktparteien möglichst unattraktiv erscheinen zu lassen (Weiffen 2010: 2–3). Präventive Diplomatie erhält hierbei höchste Priorität im Sinne eines erfolgreichen Konfliktmanagements und wird beschrieben als "any structural or intercessory means to keep intrastate or interstate tension and disputes from escalating into significant violence and use of armed forces, to strengthen the capabilities of potential parties to violent conflict for resolving such disputes peacefully, and to progressively reduce the underlying problems that produce these issues and disputes" (Lund 2002: 117, Fußnote 6). Um die der Gewalt zugrunde liegenden strukturellen Defizite des Systems anzugehen, ist jedoch auch die gleichzeitige Bestrebung nach einer nachhaltigen Konfliktresolution notwendig. Diese besteht aus sämtlichen Anstrengungen „to increase cooperation among the parties to a conflict and deepen their relationship by addressing the conditions that led to the dispute, fostering positive attitudes and allaying distrust through reconciliation initiatives, and building or strengthening the institutions and processes through which the parties interact" (Lund 1997: 3-4).

Die Ansprüche, die diese Definitionen an elektorale-Konflikte-managende Organisationen stellen, sind hoch. Und obwohl es inzwischen die Initiativen der srO sind, welche die am häufigsten angewandte Form des Konfliktmanagements in Afrika darstellen, ist nur sehr wenig darüber bekannt, welche der Ansprüche sie erfüllen können, wie sie die Erfahrungen vorangegangener eigener Konfliktmanagementprozesse bewerten und in welchem Umfang sie diese Erkenntnisse in späteren Interventionen umsetzen (Tieku 2011: 1). Es fehlen wissenschaftliche Analysen, in denen die Rolle und Bedeutung von srO in den Prozessen der Prävention, dem Schlichten und dem Lösen von gewaltsamen (elektoralen) Konflikten zusammengetragen und bewertet werden (Hansen et al. 2006: 1).

Die vorliegende Analyse soll daher einen Beitrag leisten, diese Forschungslücke weiter zu schließen und analysiert die Art und die Wirkung von Konfliktmanagementinitiativen von srO in Afrika. Konkret steht die Beantwortung folgender Frage im Zentrum der Untersuchung:

Inwieweit sind die afrikanischen (sub-)regionalen Organisationen fähig, ihre eigenen Ansprüche in Bezug auf eine nachhaltige Konfliktlösung von elektoraler Gewalt umzusetzen und eine führende Rolle im Konfliktmanagement dieser in Afrika südlich der Sahara[3] einzunehmen?

Als *Ansprüche* gelten in hierbei die Erwartungen bezüglich der eigenen Fähigkeiten und selbstgegebenen normativen Verpflichtungen einer Organisation und der daraus resultierenden Kompetenzwahrnehmung innerhalb des globalen Konfliktmanagementsystems im Allgemeinen und der Selbsteinschätzung der eigenen Schlichtungsbemühungen bei elektoralen Konflikten im Besonderen.

---

[3] Subsahara Afrika bezieht sich dabei, einer Definition der UN folgend, auf alle Staaten Afrikas mit den Ausnahmen von Algerien, Ägypten, Lybien, Marokko, Tunesien und Westsahara, vgl. UNstats unter http://unstats.un.org/unsd/methods/m49/m49regin.htm, 19.01.2012.

Der Fokus dieser Studie liegt aus dreierlei Gründen auf šrO in Afrika:

Zum einen finden, bedingt durch die relativ hohe Anzahl an Staaten in diesem geographisch klar definierten Raum, oft Wahlen statt. Bei diesen Wahlen, wie bereits erwähnt, kommt es bei einer hohen Prozentzahl zu elektoraler Gewalt, wodurch eine wissenschaftliche Auseinandersetzung mit dieser Region von besonders hoher Wichtigkeit ist.

Zum anderen haben die afrikanischen Staaten, unter anderem als Reaktion auf diese Entwicklung, die sicherheitspolitisch kaum agierende *Organisation for African Unity* (OAU) aufgelöst und sich 2002 in Form der neu gegründeten AU zusammengeschlossen. Diese setzt sich aktiv, theoretisch wie auch praktisch, im Rahmen ihrer eigenständigen kontinentalen Sicherheitsarchitektur (*African Peace and Security Architecture* - APSA) mit sicherheitspolitischen Themen auseinander. Der damit verbundene Aufbau einer kontinentalen Eingreiftruppe, eines Konfliktfrühwarnsystems und der Inklusion traditioneller konfliktschlichtender Institutionen (zum Beispiel dem *Panel of the Wise*) auf supranationaler Ebene ist weltweit einzigartig (Quayat 2009: 10). Die Erfahrungen einer zu langsam und zu unentschlossen reagierenden internationalen Gemeinschaft, unter anderem während der gewaltsamen Konflikte in Sierra Leone, Somalia, Ruanda, Angola und DR Kongo, haben die Notwendigkeit regionaler Institutionen und Konfliktlösungsmechanismen ersichtlich gemacht. Regionale statt globale Reaktionen und supranationale Organisationen statt Staaten gewinnen in Afrika im Konfliktmanagement eine zunehmende Bedeutung (Møller 2005: 3). Die bisher durchgeführten friedensunterstützenden Missionen afrikanischer Regionalorganisationen, beispielsweise in Burundi 1993-1996, dem Sudan 1983-2005, Somalia seit 2007 oder den Komoren 2007/08, verweisen zudem auf ein recht hohes Erfahrungslevel sowie eine beachtenswerte Eigenständigkeit der (sub-)regionalen Ebene im Konfliktmanagement im Allgemeinen wie auch bei der Eindämmung elektoraler Gewalt im Besonderen. Eben diese Entwicklungen bieten ein lohnenswertes Forschungsfeld für wissenschaftliche Untersuchungen über šrO, ihre eigenen Ansprüche und ihre Bedeutung im internationalen Konfliktmanagementsystem.

Trotz dessen, und das ist der dritte Grund, konzentrieren sich bisherige Untersuchungen von internationalen Organisationen vor allem auf die United Nations (UN) (vgl. Karns/Mingst 2004, Rittberger/Zangl 2006) oder auf regionale Sicherheitsmechanismen wie die NATO oder die OSZE (vgl. Pease 2008, Peters 1997). Auseinandersetzungen mit afrikanischen šrO bleiben auf die Beschreibung vorhandener regionaler Strukturen beschränkt (vgl. Gänzle/Franke 2010, Arrieta 2011, Nathan 2010) oder untersuchen die speziell die ökonomischen Entwicklungen (vgl. Omotola 2010, Aggad 2007, Oyejide 2000). Eine umfassende Bewertung regionaler Konfliktresolutionsmechanismen erfolgt nur anekdotenhaft (Weiffen 2010: 2).

Im Folgenden erfolgt die Darstellung der methodische Herangehensweise sowie der intensiveren Auseinandersetzung mit der Fallauswahl. Im anschließenden 3. Kapitel werden danach die bisherigen wissenschaftlichen Erkenntnisse über die Ursachen und Auswirkungen elektoraler Gewalt in Afrika zusammengetragen. Während Kapitel 4 dann auf die historische Entwicklung der afrikanischen srO eingeht und die Organisationsstrukturen der für diese Untersuchung wichtigen srO AU, ECOWAS, EAC und IGAD mit einem besonderen Fokus auf die für das Konfliktmanagement wesentlichen Strukturen vorstellt, werden in Kapitel 5 die unterschiedlichen Ansichten und normativen Ansprüche der srO bezüglich ihrer Bedeutung im globalen Konfliktmanagementsystem herausgearbeitet und darauf aufbauend die Eigenansprüche und praktische Funktionsweise der zuvor beschriebenen Organe anhand zentraler Dokumente und Vertragstexte erarbeitet. Die Erkenntnisse aus den Kapiteln 4 und 5 werden im daran anschließenden 6. Kapitel verdichtet, indem für jede der vier srO Thesen bezüglich ihrer Fähigkeiten und Möglichkeiten im Umgang mit elektoralen Konflikten in den einzelnen Phasen eines Wahlzykluses aufgestellt werden. Diese werden in den Kapiteln 7 (Côte d'Ivoire) und 8 (Kenia) mit den Interventionen der srO im Rahmen des Konfliktmanangements der elektoralen Gewalt im Zusammenhang mit den jeweiligen Präsidentschaftswahlen abgeglichen und bewertet. In Kapitel 9 werden Gemeinsamkeiten und Unterschiede zwischen den einzelnen srO wie auch zwischen den beiden Fallbeispielen zusammengefasst und mögliche Verallgemeinerungen abgeleitet sowie die Forschungsfrage ausführlich beantwortet. Das abschließende Kapitel fasst die Erkenntnisse der vorangegangenen Kapitel noch einmal zusammen und benennt die Bedeutung von srO in Konfliktmanagementprozessen im Umgang mit elektoraler Gewalt.

Die Analyse ergibt, dass srO überzeugend die Verantwortung für das Konfliktmanagement in ihrer Region übernehmen und deshalb ihre diesbezüglichen Fähigkeiten aktiv ausbauen. Eine führende Rolle im Konfliktmanagement elektoraler Prozesse kann ihnen, im Rahmen dieser Studie, jedoch noch nicht zugestanden werden, da die dafür notwendige umfassende Intervention in allen Phasen des Wahlzykluses nicht gegeben war. Die srO reagierten lediglich auf die Eskalation der Gewalt und nutzen dabei vorwiegend die traditionelle Schlichtungsmethode durch die Entsendung renommierter afrikanischer Persönlichkeiten und direkte Gespräche, statt die nach westlich-liberalem Vorbild institutionalisierten und auf die

Vorhersage von, die Auseinandersetzung mit und die Eindämmung von auf elektorale Konflikte spezialisierte Organe einzubeziehen.

2. Methodische Überlegungen

Konflikte sind einzigartig bezüglich ihrer individuellen Ursachen, vielfältigen Ausprägungs- und zahlreichen Verlaufsformen. Ebensolches gilt auch für (sub-)regionale Organisationen und deren Entstehungsgeschichten, normative Ansprüche, Organisationsformen und Einsatzbereitschaft. Die Intervention einer oder mehrerer srO in eine konfliktbehaftete Situation ist folglich, ebenso wie eine anschließende Bewertung dieser, ein komplexes Unterfangen. Als solches bietet sich für die Beantwortung der zentralen Fragestellung im in diesem Buch eine qualitative Herangehensweise an. Angesichts der mangelnden wissenschaftlichen Auseinandersetzung mit dem Wirken von Konfliktinterventionen afrikanischer srO (Weiffen 2010: 2) bietet eine qualitative Analyse die Möglichkeit, einem bisher vernachlässigten Untersuchungsfeld Erkenntnisse hinzuzufügen (Ospina 2004: 1284), die eine wichtige Basis für zukünftige und umfassendere Analysen bilden können (Johanson 2003: 4). Das in dieser Untersuchung angewandte explorative Vorgehen zielt auf das umfassende Verständnis des zu untersuchenden Phänomens durch die Umsetzung einer Fallstudie unter Einbeziehung des Kontextes ab und beschränkt sich nicht auf bloße Beschreibungen (CAPAM 2010: 2). Dadurch ist die Möglichkeit gegeben, die Analyse mit der für den Sachverhalt notwendigen Flexibilität durchzuführen (Colorado State University 2010). Die oft angebrachte Kritik, dass einzelne Fallstudien keine für eine Verallgemeinerung nutzbaren Daten erzeugen würden und damit für die Wissenschaft nicht relevant wären (vgl. Berg 2001: 231), kann entgegengehalten werden, dass insbesondere Fallstudien das Potential besitzen, durch eine gezielte Fallauswahl allgemeinere wissenschaftlichere Aussagen an praktischen Beispielen zu validieren oder zu falsifizieren (Flyvbjerg 2006: 230). Der besondere Wert von Fallstudien besteht eben gerade in ihrer Brückenfunktion zwischen praktischen Erkenntnissen und abstrakter Theorieformulierung (Peattie 2001: 260). Dass folglich Einschränkungen in der theoretischen Verallgemeinerung zu erwarten sind, mindert daher nicht den Erkenntnisgewinn.

Um jedoch möglichst nutzbare Tendenzen für eine Verallgemeinerung zu schaffen, wird in dieser Analyse eine multiple Fallstudie umgesetzt, in der zwei ähnliche Konfliktfälle und die entsprechenden Interventionen von insgesamt vier srO ausgewertet werden. Beide Konflikte sind elektoraler Art, stehen im Zusammenhang mit präsidialen Wahlen in Afrika und fanden mit nur zwei Jahren Zeitdifferenz statt. Kenia und Côte d'Ivoire, die beiden ausgewählten Staaten, weisen zudem eine Historie innerstaatlicher Gewalt und Spannungen auf, wodurch die Entstehung elektoraler Konflikte und eine Eskalation zu gewaltsamen Ausschreitungen im Zusammenhang mit den Wahlen zu erwarten waren. Beide Staaten besitzen außerdem subregional sowie international besondere Aufmerksamkeit: Kenia als Militärbasis der USA, als Zentrum der internationalen Friedensbemühungen in Somalia und als einer der wichtigsten globalen Blumenexporteure international und als wichtigster Hafen für die angrenzenden Binnenländer subregional, Côte d'Ivoire als Militärbasis für Frankreich und als einer der wichtigsten globalen Kakao- und Kaffeeexporteure international und als wirtschaftlicher Motor subregional. Diese erhöhte internationale und subregionale Aufmerksamkeit, in Côte d'Ivoire noch weiter gesteigert, da es die erste Wahl nach dem Bürgerkrieg war, sorgten dafür, dass, bei dem internationalen Bekanntwerden von (potentieller) elektoraler Gewalt, die untersuchten srO maximale Anstrengungen unternahmen, um eine, ihren eigenen Ansprüchen folgend, aktive und konstruktive Rolle im Konfliktmanagement einzunehmen.

Damit sind möglichst ähnliche und für die Untersuchung optimierte Rahmenbedingungen für das Herausfinden der Bedeutung der Interventionen von srO im Konfliktmanagement elektoraler Konflikte gefunden, wodurch die Ergebnisse dieser Untersuchung auf ein möglichst breites wissenschaftliches Fundament gestellt werden. Von den zu untersuchenden srO waren die drei subregionalen, ECOWAS, EAC und IGAD, am Konfliktmanagement nur eines der beiden Konflikte beteiligt, während die AU, als regionale Organisation, in beide Konflikte intervenierte. Diese Auswahl bietet die Möglichkeit, ein relativ umfassendes Spektrum an (sub-)regionalen Konfliktinterventionen zu analysieren, wodurch eventuelle Unterschiede oder Gemeinsamkeiten besser herausgearbeitet werden können, das Verfassen verallgemeinernder Tendenzen erleichtert und die Formulierung zukünftig relevanter Fragestellungen präzisiert wird (Baxter/Jack 2008: 548). Die AU bildet durch die Intervention in beide Konflikte zusätzlich eine Kontrollvariante, die Rückschlüsse auf die möglichen Ursachen eventueller Interventionsunterschiede erleichtert.

Untersucht werden zunächst die organisatorischen Strukturen, welche die jeweiligen srO zu Konfliktinterventionen befähigen und die in diesen Strukturen festgelegten Handlungsmöglichkeiten der einzelnen Organe der Organisationen. Darauf aufbauend werden deren Ansprüche, eigenen Normvorstellungen und gegebenenfalls ausgearbeitete Interventionsmuster herausgearbeitet. Dies geschieht durch eine qualitative Inhaltsanalyse der von den Organisationen verabschiedeten Gründungsverträge, den zu den Themen Frieden- und Sicherheit von ihnen beschlossenen und öffentlich zugänglichen Dokumente sowie der Auswertung wissenschaftlicher Arbeiten über die relevanten srO. Auf diesen Informationen aufbauend werden dann Thesen für jede Organisation gebildet, die Rückschlüsse auf die Bereitschaft und die Fähigkeiten zu Konfliktinterventionen, speziell bei elektoralen Konflikten, zulassen und anschließend mit den Interventionen in Kenia bzw. in Côte d'Ivoire abgeglichen werden. Die vorgenommenen Interventionen wurden wissenschaftlichen Artikeln mit einem entsprechenden Schwerpunkt sowie Zeitungs- und Onlineartikeln renommierter Nachrichtenanbietern entnommen und den Bedürfnissen dieser Untersuchung angepasst geordnet (zusammengefasst in den Anhängen 9 und 10).

Durch den Vergleich der organisatorischen Struktur mit den praktischen Interventionen wird eine Beurteilung der organisatorischen und normativen Möglichkeiten der ṣrO möglich.

Die vergleichende zusätzliche Einbeziehung paralleler Konfliktinterventionen anderer (sub-)regionaler und internationaler Akteure in denselben Konflikten gestattet zudem eine Bedeutungseinschätzung der Wichtigkeit der Konfliktinterventionen der untersuchten vier ṣrO für die Veränderungen der Konfliktverläufe.

Die Kombination der zuvor vorgestellten Konfliktursachen und -muster elektoraler Gewalt und der anschließenden Analyse der konfliktmanagenden Anstrengungen, zu denen die AU, ECOWAS, EAC und IGAD bereit und fähig sind, erlauben abschließend die Schlussfolgerung, ob die ṣrO eine den eigenen Vorstellungen entsprechende Bedeutung bei der Konfliktlösung elektoraler Gewalt südlich der Sahara einnehmen.

Aufgrund der zeitlichen und finanziellen Restriktionen ist die Durchführung von Interviews oder eine lokale Recherche nicht möglich. Daraus ergeben sich einige Einschränkungen, die sich mitunter auch auf die Ergebnisse auswirken könnten. Da sich dieses Buch auf sicherheitsrelevante Themen bezieht, kann nicht davon ausgegangen werden, dass die öffentlich zugänglichen Dokumente, in denen die Reaktionen und Funktionsweisen der Organisationen in Konfliktsituationen dargestellt werden, sämtliche Informationen enthalten. Auch besteht seitens der Organisationen die Tendenz, offizielle Dokumente (Protokolle, Berichte, Reden) nur unvollständig oder geraume Zeit nach der eigentlichen Veröffentlichung online (und damit mir zugänglich) zu stellen. Außerdem sind wegen der relativ kurzen Zeitdauer zwischen den Ereignissen in Côte d'Ivoire und dem Verfassen dieser Studie eventuell wesentliche Dokumente noch nicht zugänglich gemacht worden. Bei der Beschreibung der Interventionen sind, neben den offiziellen Dokumenten, vor allem Meldungen von Zeitungen und Online-Nachrichtenportalen Quelle vieler Informationen. Wegen der dezentralen Organisation der Nachrichtendienste im Internet ist es vorstellbar, dass unbewusst oder unwissend bestimmte Quellen und damit eventuell erhellende Informationen nicht gefunden und ausgewertet werden können.

Weiterhin ist es denkbar, dass kulturellen Differenzen zu einer Fehlinterpretation der verwendeten Daten und Informationen beitragen und bestimmte Aspekte fälschlicherweise hervorheben oder vernachlässigen.

Allgemein sind die Einschränkungen der wissenschaftlichen Bedeutung der Ergebnisse dieses Buches noch einmal zu umreißen: sie stellen verallgemeinernde Tendenzen dar, die sich vor allem auf šrO in Afrika beziehen und daher bei zukünftigen Untersuchungen einzelner Konfliktinterventionen anders ausfallen können.

Trotz dessen stellt diese Studie einen wichtigen Beitrag dar, um die Bedeutung von šrO im internationalen Konfliktmanagementsystem festzustellen und mögliche Schwächen und Stärken (sub-)regionaler Interventionen, vor allem in Afrika südlich der Sahara, aufzuzeigen.

3. Elektorale Konflikte - Ursachen und Ausprägungen

Es gibt eine enge Verbindung zwischen elektoraler Gewalt und dem politischen System, in dem diese ausbricht (Chiroro 2008: 1). Daher ist eine kurze Auseinandersetzung sowohl mit der liberalen Demokratie, als der praktisch meist verbreiteten und ideologisch meist geförderten Regierungsform, als auch mit den inhärenten Konfliktpotentialen von Wahlen als zentraler Bestandteil dieses Systems lohnenswert, bevor die konkreten Ursachen und Ausprägungen von elektoraler Gewalt dargestellt werden.

Eine Demokratie beschreibt eine „Form der Machtausübung, die formell allen Bürgern das Recht zuerkennt, auf die Gestaltung des politisch-staatlichen Lebens Einfluss zu nehmen [...]" (Kleines Politisches Wörterbuch 1967: 122). Die praktische Gestaltungsform, die Art der Mitbestimmung und die genaue Zusammensetzung der Regierenden unterliegen dabei keinerlei spezifischen Vorschriften. Zwar gibt es dadurch eine Reihe von unterschiedlichen Demokratiemodellen, jedoch ist allen „älteren und moderneren Demokratien [...] der Anspruch gemeinsam, die Herrschaft im Staate auf die Norm politischer Gleichheit der Vollbürger zu verpflichten, auf den Willen der Stimmbürgerschaft [...] und die Regierenden auf Rechenschaftspflichtigkeit gegenüber den Regierten festzulegen" (Schmidt 2000: 20).
Theoretisch hat eine demokratische Regierungsform daher verschiedene Vorteile gegenüber nicht-Demokratien bezüglich ihrer Fähigkeit, interne Konflikte gewaltfrei zu lösen (die folgende Argumentation folgt Christiano 2006). Ein zentraler Punkt hierbei ist, dass die Herrschenden die Interessen, Rechte und Meinungen der Mitglieder der Gesellschaft berücksichtigen und ihnen folgen müssen, da mindestens der Großteil der Bevölkerung mit grundsätzlichen Bürgerrechten zur Mitbestimmung ausgestattet ist und neutrale Organe die Einhaltung dieser Rechte überwachen. Zusätzlich gewährleisten theoretisch in einer liberalen Demokratie unabhängige Medien und freie Meinungsäußerung die Überwachung der politischen Klasse. Unterschiedliche Ideen und Anschauungen eskalieren nicht in gewaltsamen Auseinandersetzungen, weil die verschiedenen Akteure sich einer breiten Palette von Informationsangeboten bedienen können und dadurch minderheitengesteuerte und konfliktfördernde Auseinandersetzungen eher erkennen, durch öffentliche Diskussionen Konflikte friedlich beilegen oder unabhängige Rechtsprechung zur Lösung von Konflikte nutzen können. Extremistische Minderheiten in der Bevölkerung und Regierungsvertreter von Partikularinteressen können dadurch schwerer negativ Einfluss ausüben, um unterschiedliche Gruppierungen innerhalb einer demokratische Gesellschaft aufgrund ethnischer oder anderweitiger Trennungsmerkmale gegeneinander aufbringen, da die Rechte und Pflichten,

die jedem Bürger gegeben sind sowie deren Erfahrungen aus der Teilhabe an demokratischen Prozessen zusammenfassend in einem höheren Maß an Konfliktlösungspotential und Toleranz im öffentlichen Raum resultieren.

Die eigentlich auf eine friedliche Beilegung von systeminternen Konflikten ausgelegte Staatsstruktur birgt jedoch trotzdem immanent die nicht immer nur theoretische Gefahr der Polarisierung der Bevölkerung: die Fokussierung auf in relativ kurzen Abständen stattfindenden Wahlen bietet der herrschenden Elite die Gelegenheit, zu Lasten einer nachhaltigen gesamtgesellschaftlichen Entwicklung auf kurzfristige (eigene) Gewinne ausgerichtete Projekte durchzusetzen und damit den Anspruch der Gleichheit aller Gesellschaftsteile auszuhöhlen (vgl. Gërxhani/Schram 2009). Problematisch ist außerdem, dass ein einzelner Bürger keinen erkennbaren Einfluss auf das alltägliche politische Geschehen nehmen kann, was zu einem allgemeinen Desinteresse an politischen Entwicklungen führen kann. Vertreter von Partikularinteressen und andere, auf Eigennutzen ausgerichtete kleine Gruppen innerhalb der Bevölkerung haben dadurch die Möglichkeit, durch einen vergleichsweise hohen Aktivismus überdimensional viel Einfluss auf die Entwicklung eines Landes nehmen zu können (Mackenzie 1906: 137). Um das eigene Profil zu schärfen, betonen zur Wahl stehende Personen/Gruppen zudem meist die Unterschiede zu anderen Kandidaten, wodurch ideologische Differenzen hervorgehoben und Populismus gefördert wird.

Ein solcher Missbrauch vorhandener Strukturen zugunsten von Partikularinteressen wird in der Theorie der liberalen Demokratie durch das Vorhandensein eines überparteilichen Staates mit unabhängigen Institutionen verhindert. Der Staat gilt als neutraler Wahrer der rechtlichen Rahmenbedingungen des Zusammenlebens und agiert alleinig im Interesse des Gemeinwohles. Einerseits muss der Staat empfänglich sein für die Beeinflussungen und Interessen seiner politischen Gesellschaft, andererseits muss er unabhängig von jeder politischen Bewegung sein: „[t]he state is a public force brought into being and sustained by political society but independent of it" (Ake 2003: 115). Der Staat ist mit dem eigentlichen politischen Prozess nur insofern verbunden, als dass letzterer festlegt, wer ersteren im Namen des öffentlichen Interesses verwaltet. Um die Schaffung und Bewahrung eines solchen meta-politischen Institutionsgefüges, das den normativen und rechtlichen Rahmen vorgibt, in dem die Prozesse zur Steuerung des politischen Alltags ausgehandelt werden, zu gewährleisten, bedarf es des Vertrauens aller in dieser politischen Gemeinschaft lebender Akteure in den Staat als Grundlage eines zugehörigkeitsbildenden Gemeinschaftssinnes (Mill 1972: 392). Der Staat definiert daher nicht die politische Gemeinschaft, sondern die politische

Gemeinschaft erschafft den Staat, dessen Funktionieren und Überparteilichkeit in einem direkten Abhängigkeitsverhältnis zu den darin lebenden politischen Akteuren steht (Calhoun 1997: 72).

Die Realität in Afrika unterscheidet sich deutlich von diesen Annahmen. Die Folgen der teilweise jahrhundertelangen Kolonisierung des Kontinents haben bis zur heutigen Zeit Auswirkungen auf die Staaten und die politische Gesellschaft Afrikas. Der koloniale Staat in Afrika war eine Besatzungsmacht und daher in keiner Weise demokratisch legitimiert, obwohl er die Regeln und Gesetze für die darin lebende Bevölkerung definierte; er agierte willkürlich und allmächtig (Ake 2003: 35-36). Die organisatorische Ausrichtung der Kolonien zum Zwecke der größtmöglichen Bereicherung der Besatzungsmacht erforderte zudem eine strenge hierarchische wie auch arbeitsteilungsbedingte Kategorisierung der Kolonisierten. Dieses (kategorisierte) Identitätsbewusstsein übertrug

sich auf die in den Kolonien lebende Bevölkerung, in der solche Kategorien zuvor in den meisten Teilen Afrikas nur vage ausgebildet waren. Diese Entwicklung wurde durch die Einführung entsprechender Identifikationspapiere gefördert und ging einher mit damit verbundenen kategorieabhängigen Pflichten und Rechten gegenüber der Kolonialmacht (Kaldor 2000: 129).

Mit der Unabhängigkeit der Staaten änderte sich an diesem grundlegenden System nur wenig: es beruhte auf Totalitarismus und Zwang und die an die Macht kommende postkoloniale Elite nutzte die kolonialen Strukturen eher zu ihrer eigenen Bereicherung, statt eine demokratische Entwicklung einzuleiten (Ake 2003: 36). Die Differenz zwischen der herrschenden Klasse und der Bevölkerung wuchs weiter, bis die ebenso wachsenden Widerstände eine Demokratisierung der Systeme unumgänglich machten. Mitte der 1990er Jahre hatten dann sämtliche afrikanische Staaten Mehrparteienwahlen abgehalten. Doch so beeindruckend die Fortschritte statistisch auch sind, so wenig hat sich oftmals vor Ort geändert:

> „[the states] power over economy and society is enormous, arbitrary and it is largely privatized. For all but a few of its citizens, it is alien and remote, uncaring and oppressive. They encounter it as ruthless tax collectors, boorish policemen and bullying soldiers, corrupt judges cynically operating a system of injustice, a maze of regulations through which they have to beg, bribe or cheat their way every day" (Ake 2003: 114).

Viele der afrikanischen Staaten können derzeit als schwache Staaten charakterisiert werden: die staatlichen Institutionen sind dysfunktional, es formieren sich Widerstandsgruppen gegen staatliches Handeln und informelle Parallelinstitutionen ersetzen staatliche Aufgaben (Büttner 2004: 5). Die Staaten haben entsprechend nur eingeschränkte Möglichkeiten, um eine kohärente Politik zu entwerfen und durchzusetzen, die politische Macht ist generell stark personalisiert. Ein solches institutionelles Umfeld begünstigt die Entstehung eines „normativen Vakuums", in dem zum Beispiel gewaltsame Mittel, insbesondere bei stark umkämpften Wahlen, genutzt werden, um individuelle politische Gewinne zu maximieren (Laakso 2007: 227). Begünstigt wird diese Entwicklung, da sich als Reaktion auf die fehlende mögliche Identifikation mit dem Staat die einzelnen Bürger fast ausschließlich subnationalen sozialen Formationen wie ethnischen oder religiösen Gruppen, Clans oder den Dorfgemeinschaften zugehörig fühlen (Ake 2003: 11). Weit entfernt von idealistischen Motiven, ist die Mitgliedschaft in solchen Formationen für den Einzelnen insbesondere bedeutsam zur Befriedigung der grundsätzlichen Bedürfnisse wie Sicherheit, Essen und Wohnen, auch wenn dadurch tiefgreifende persönliche Abhängigkeitsstrukturen patrimonialer Art entstehen. Diese weiterhin bestehenden patrimonialen Legate bringen signifikante Teile der afrikanischen Bürger aber auch in die Situation, bei Wahlen nicht über bestimmte allgemeine Ideen, staatliche politische Programme oder überregionalen Parteien abzustimmen, sondern aus ihrem Abhängigkeitsverhältnis heraus ihren jeweiligen *Patron* zu unterstützen (Chabal/Daloz 1999: 39). Diese Abhängigkeit und die damit einhergehende Loyalität zu subnationalen Gruppierungen geben den lokalen *Big Men* die Möglichkeit, sich beim (Wahl)Kampf um politische Entscheidungsfunktionen auch nicht-demokratischer Methoden zu bedienen (vgl. Manby 2009). Und so enthalten Wahlen, in einer liberalen Demokratie eigentlich die zentrale Einrichtung zur friedlichen Machtübergabe (Reilly 2002: 118), im afrikanischen Kontext das Potential, dem politischen Gemeinwohl entgegenstehende, egoistische machtpolitische Zielsetzungen durch den Einsatz gewaltsamer Mittel (vgl. Kapitel 2.2) durchzusetzen.

3.1 Das Wagnis Demokratie

Die Nachfolge auf politisch einflussreiche Positionen kann auf drei Wegen bestimmt werden: durch Erbschaft, durch Wahlen oder eben durch Gewalt (Höglund 2009: 414). Während die ersten beiden Varianten das Vorhandensein allgemein akzeptierter Regeln für den Machtwechsel erfordern, ist die dritte Möglichkeit ein Ausdruck für das gänzliche Fehlen oder für die Nicht-Akzeptanz regulierender Steuermechanismen. Deshalb ist elektorale Gewalt keinesfalls spontan, sondern ein Ausdruck für die Vernachlässigung und/oder Unterdrückung von für den friedlichen Zusammenhalt einer Gesellschaft wesentlicher Vorschriften und Normen (Biegon 2009). Selbst wenn demokratische Normen und entsprechende Regulierungsinstitutionen bestehen, werden die Beteiligten an Wahlen motiviert, ihre Ziele außerhalb der etablierten Normen durchzusetzen, wenn ein Wahlvorgang als unfair, korrupt oder nicht ausreichend repräsentierend empfunden und damit seine legitimierende Wirkung eingeschränkt wird (Fischer 2002: 7). Und so kann es durchaus passieren, dass die Demokratie Opfer der eigenen Wahlen werden kann (Chaturvedi 2005: 190).

Bei der wissenschaftlichen Auseinandersetzung mit dem Phänomen *elektorale Gewalt* in Afrika haben sich fünf Ursachen herauskristallisiert, die den Ausbruch solcher fördern und die im Folgenden dargestellt werden. Ein politisches System ist allerdings ein extrem komplexes Konstrukt, das permanenten Veränderungen unterliegt und in welchem monokausale Zusammenhänge diesen vielseitigen Prozessen nicht Rechnung tragen können. Es ist daher folgerichtig, auch diese fünf Gründe als Bestandteile eines umfangreichen Ursachen-Wirkung-Komplexes zu verstehen, weshalb das einzelne Vorkommen elektoraler Gewalt zumeist auf mehreren der aufgeführten Systemeigenschaften beruht. Zeitgleich muss zudem die Einschränkung gemacht werden, dass jeder Staat historisch gewachsene spezifische institutionelle Schwächen und politische wie auch soziale Problemstellungen hat, weshalb die hier genannten Gründe als Generalisierungen zu verstehen sind, die nicht notwendigerweise auf jeden Staat in gleichem Maße zutreffen.

Die erste tiefgreifende Ursache für den Ausbruch elektoraler Gewalt ist ein schwaches politisches System, das nicht über ausreichende Kapazitäten verfügt, um einheitliche Regelungen für ein friedliches Zusammenleben zu entwickeln und durchzusetzen und zudem über keine ausreichende Akzeptanz in der Bevölkerung verfügt. Die Ursachen hierfür sind zu einem wesentlichen Teil in der Kolonisierung Afrikas zu finden. Die europäischen Kolonialmächte haben die traditionelle Kultur der afrikanischen Einwohner zerstört „to rebuild it along wonderfully rational lines at a later date. But history forced them to walk away before they could complete their [...] alternative system [...]." (Prunier 2009: XXIX-XXX). Dadurch ist eine Parallelität von afrikanisch und europäisch geprägten politischen Systemen geschaffen worden, die eine gemeinsame Identifikation der Bürger mit ihrem jeweiligen Staat verhindert: Zum einen existieren sub-nationale Gemeinschaften wie Familie, Clans oder Stämme, in denen die meisten Bewohner sich zur sozialen und politischen Absicherung organisieren, zum anderen gibt es einen staatlichen Überbau, der sich organisatorisch an den europäischen Nationalstaaten orientieren, deren Organisationsform von den kolonialen Verwaltungsnormen übernommen wurde und die beherrscht werden von Eliten, die „invest nothing in the state and so have no interest in it and no responsibility to it" (Ake 2003: 167). Das Gebilde Staat wird degradiert zur Arena für den Kampf um Ressourcen wie politischer Macht. Dieses Nebeneinander von inoffiziellen und offiziellen Strukturen bietet einer liberalen Demokratie ein wenig fruchtbares Umfeld.

Viele der Krisen auf dem afrikanischen Kontinent sind daher auf die eine oder andere Weise zurückzuführen auf die „ill-considered decolonization strategies driven by metropolitan interests" (Young 2000: 24). Daraus resultiert, dass die vorhandenen staatlichen Institutionen nicht stark genug sind, um die in einer Gesellschaft natürlich vorkommenden Konflikte ,insbesondere in Zeiten politischen Wandels, effektiv zu handhaben (Biegon 2009). Mit dem Ende des Kalten Krieges in den 1990ger Jahren überdeckte der Triumph über den Niedergang diktatorischer Herrschaft sowie der Einparteiensysteme die Notwendigkeit, endlich effektive politische Institutionen zu schaffen (EISA 2010a: 5). Die Einführung von Wahlen als demonstratives Element erwies sich als wesentlich einfacher als die Schaffung politischer *checks and balances* (Collier 2009: 44). Die Abhaltung von Wahlen in einem liberalen demokratischen System erfordert das Vorhandensein glaubwürdiger, unabhängiger und zuverlässiger Wahlkommissionen und gewaltalternativen Konfliktbewältigungsmechanismen wie Gerichten oder anderweitigen speziell zur Schlichtung elektoraler Konflikte konstituierten Organen (Fomunyoh 2009: 9). Die Abwesenheit solcher kann die Voraussetzung schaffen, Gewalt als eine Möglichkeit der Wettbewerbsaustragung im System zu etablieren (Basedau et al. 2007: 194).

Die Schwäche der staatlichen Organe wird, das ist die zweite Ursache, insbesondere in einer der Kerninstitutionen der liberalen Demokratie sichtbar, die eigentlich für die Kommunikation zwischen den Regierenden und den Regierten verantwortlich ist: die Partei. Sie dient in Afrika selten der Repräsentation, Konfliktresolution oder der Institutionalisierung von demokratischem Verhalten und Werten (Gyimah-Boadi 2007: 25). Im Zeitraum zwischen den Wahlen werden die Parteiaktivitäten oftmals auf ein Minimum reduziert, sind während der Wahlkämpfe allerdings zentrale Akteure, die sich jedoch zumeist auf die Unterstützung einzelner Personen beschränken und sich nur an festgelegten Symbolen oder sub-nationalen Gruppenidentitäten orientieren (Gyimah-Boadi 2007: 27). Diese Personalisierung der Politik, manifestiert in Patronagesystemen, ist ein fester Bestandteil afrikanischer Politik:

> „[The patrimonial system's] inherently self-destructive concomitants, such as corruption, rent-seeking behavior and opposition to economic and administrative rationalization among ruling elites, remain largely entrenched. Indeed, the prevailing understanding of how political authority is acquired or exercised remains largely colored by the legacy of neo-patrimonial regimes [...]: more or less hereditary rulers rule until they die or are overthrown unconstitutionally; [...] term limits, retirement and voluntary resignation [are] synonymous with economic suicide and loss of an ability to play patron in a patrimonial political culture" (Gyimah-Boadi 2004: 22).

Da die lokalen *Big Men* in einem gegenseitigen Abhängigkeitsverhältnis zu den von ihnen abhängigen sub-nationalen Identifikationsformationen stehen, sind sie darauf angewiesen, bei Wahlen möglichst erfolgreich abzuschneiden, um die Forderungen ihrer Gefolgschaft bezüglich Sicherheit und Fürsorge einlösen zu können. Die Gegenseitigkeit beruht darin, dass der Herrschaftsanspruch der *Patrone* immer wieder neu bestätigt werden muss. Wirken sich die politischen Erfolge der Führungspersonen nicht durch konkrete Verbesserungen vor Ort aus (eine neue Straße, eine Schule, leichterer Zugang zu Mikrokrediten etc.), kann die Loyalität der Gruppe jederzeit entzogen werden. Beachtet man die große Abhängigkeit der Bevölkerung von staats-alternativen Versorgungssystemen, so wird verständlich, weshalb es sich bei Wahlen niemals „nur" um den Wettstreit politischer Programme, sondern um den Wettkampf um Lebensbedingungen beeinflussende, für manche sub-nationalen Gruppierungen sogar um überlebenswichtige, inoffizielle Versorgungsstrukturen handelt. In diesem Zusammenhang stehen auch die Jugendorganisationen von Parteien, die bei der Ausführung elektoraler Gewalt oft maßgeblich beteiligt sind und für die einkommensschwachen und zu oft perspektivarmen jungen Erwachsenen eine willkommene Möglichkeit der Einflussnahme darstellen (Basedau et al. 2007: 201).

Ein dritter, mitunter elektorale Gewalt befördernder Umstand ist die konkrete Gestaltung der elektoralen Systeme. Dabei handelt es sich nicht nur um die Berechnungen, nach denen die Verteilung von Wählerstimmen, die Sitzvergabe in den gewählten Gremien oder der notwendige Anteil an Stimmen für eine erfolgreiche Kandidatur für einen Posten festgelegt wird, sondern auch die Bestimmungen von Parteiregistrierungen und Kandidatennominierungen (Bogaards 2007: 169). Klassischerweise besteht die Wahl zwischen einem proportionalen oder einem pluralistischen Wahlsystem, welches bestimmt, wie stark der politische Wettstreit und damit auch das Konfliktpotential ist (Erdmann et al. 2007: 15). Jedoch wurden in den meisten afrikanischen Staaten auf die durch diese Kriterien entstehenden Konflikte bereits reagiert und individuelle Lösungen ausprobiert. Wesentlicher für die Größe des Konfliktpotentials bei Wahlen ist daher die oftmalige territoriale Konzentration der verschiedenen Identifikationsgruppen innerhalb der Staaten, die durch die Schaffung eines passenden elektoralen Systems ausgeglichen, die Ausspielung der unterschiedlichen Gruppen gegeneinander aber auch erleichtert werden kann (Erdmann et al. 2007: 16). Vor allem bei Präsidentschaftswahlen kommt es oft zu elektoraler Gewalt, weil nur eine einzige Position zu vergeben ist, die zudem großen Einfluss besitzt und daher verlockende Entscheidungsgewalt innehat (vgl. Servant 2009: 83). Geht es bei Wahlen für einen Kandidaten (und seine Anhänger) um alles (also um den Gewinn sozialer Sicherheit) oder nichts (also der Unsicherheit der zukünftigen Daseinsfürsorge), ist die Verlockung groß, sich durch die Anwendung nicht demokratisch legitimierter Methoden einen Vorteil zu verschaffen. Um die Anzahl und die Gesinnung der zugelassenen Wähler innerhalb eines Staates zu beeinflussen, werden mitunter durch die Veränderung der Kriterien von Staatsangehörigkeit ganze Bevölkerungsteile systematisch ausgeschlossen (vgl. Manby 2009: 96-108) oder einzelne politische Gegner von der Kandidatur abgehalten (vgl. Manby 2009: 37-93). Gerade in Afrika, wo es durch ständige Migrationsströme innerhalb des Kontinentes und nur unzureichend festgelegten und gesicherten Grenzen zur ständigen Vermischung von Bevölkerungen kommt, sind die Kriterien von Staatsangehörigkeit ein zentrales Mittel im Kampf um politischen Einfluss. In Côte d'Ivoire kam es deswegen sogar zum Bürgerkrieg: „Give us our identity cards and we hand over our kalashnikovs" (Rebellenführer Soro, zitiert in Manby 2009: 11).

Als vierte mögliche Ursache von elektoraler Gewalt gilt weit verbreitete Armut, kombiniert mit fehlender wirtschaftlicher Entwicklungsperspektive bzw. kombiniert mit wirtschaftlicher Entwicklung, von der jedoch nur ein sehr kleiner Teil einer Bevölkerung profitiert (vgl. Verstegen 2001, Justino 2009, Collier 2009). Afrika ist nur marginal am modernen globalen Handelsaufkommen beteiligt, was insbesondere an den wirtschaftlichen Strukturen liegt, die auf historische Entwicklungen schon vor der europäisch dominierten Phase der Kolonialisierung ab 1885 zurückgehen (van de Walle 2000: 263). Bereits im 19. Jahrhundert sorgte der große Rohstoffreichtum und die sehr guten klimatischen Bedingungen dafür, dass Afrika eine global führende Rolle im Anbau von Palmöl, Kaffee und Kakao einnahm (van de Walle 2000: 263). Problematischerweise ist Afrika allerdings bis heute nicht aus der Rolle des Rohstofflieferanten herausgekommen. Die Wirtschaft in der Mehrheit der Staaten ist noch immer von der Ausfuhr von Primärgütern abhängig, wodurch sie eine sehr niedrige Resilienz gegenüber externen Schocks wie Preisschwankungen oder verändertem Konsumverhalten besitzen. Insbesondere die Strukturanpassungsprogramme der 1980er und 1990er Jahre unter der Führung der Bretton-Woods-Institutionen *Internationaler Währungsfonds* und *Weltbank*, ursprünglich dazu gedacht, die damaligen politischen Entwicklungen mit einem straffen, privatwirtschaftlich orientiertem Wirtschaftsförderprogramm zu stabilisieren, haben den afrikanischen Staaten nur wenig Möglichkeiten gegeben, nachhaltig in die Daseinsfürsorgesysteme (Bildung, Gesundheit, Infrastruktur) zu investieren (vgl. Stiglitz 2004, 2005, Laakso 2007: 229). Die relativ geringen Gewinne aus der landwirtschaftlichen Produktion oder dem Rohstoffabbau lassen, da viele der in die afrikanischen Staaten fließenden Geldern zudem bei einer kleinen Elite von Entscheidungsträgern versickern, auch nur wenig an Verdienstmöglichkeiten bei der Masse der Bevölkerung. Natürlich ist Armut ein relatives Konzept. Wesentlich aber ist, dass es für viele Menschen Afrikas eine Diskrepanz zwischen dem vorhandenen und dem erwarteten Vermögen gibt (Laakso 2007: 229). Vor allem die jungen Erwachsenen, die einen überproportional großen Anteil an der Bevölkerung in den meisten der afrikanischen Staaten ausmachen, sehen nur wenig Perspektiven, um ihren Lebensstandard merklich zu verbessern (Laakso 2007: 229). Hoffnungslosigkeit als Resultat fehlender Möglichkeiten zur Selbstverwirklichung gilt als der Hauptgrund für die Herausbildung menschlicher Aggression (Gurr 1970: 36). Wegen der schwachen staatlichen Kontrollmöglichkeiten, können sich außerdem illegale Wirtschaftszweige bilden, die von der lokalen Bevölkerung insofern Unterstützung erhalten, als dass diese oftmals die einzigen Einkommensquellen und möglichen Entwicklungsperspektiven sind. Sollte bei einer anstehenden demokratischen Wahl also die lokale Elite, die mittels illegaler Methoden die einzigen Verdienstmöglichkeiten für die lokale Bevölkerung bietet, aufgrund politischer Erwägungen in die Situation geraten, möglicherweise abgewählt zu werden bzw. Konkurrenz zu bekommen, so ist die Wahrscheinlichkeit groß, dass sich diese Elite, wie auch die loyalen Bevölkerungsgruppen, mit hohem Einsatz für den Erhalt der garantiert vorhandenen Einkommensmöglichkeiten einsetzt, ungeachtet der demokratischer Regeln (Laakso 2007: 230).

Die fünfte Ursache, die elektorale Gewalt fördern kann, ist der gesellschaftliche Erfahrungswert von Gewalt als historisch erfolgreiche Verhaltensweise. Durch den politischen und wirtschaftlichen Erfolg, den gewaltsame Akteure, sei es in erfolgreichen Befreiungsbewegungen (Zimbabwe, Mosambik, Eritrea, Nigeria, Südafrika) oder als Warlords, die Präsidenten wurden (Liberia, Tschad), in der Vergangenheit hatten, sind sie ein wichtiger Bestandteil des afrikanischen Bewusstseins, weshalb „democratic procedures [...] not the only game in town" sind (Basedau et al. 2007: 196). Auch Amnesty International stellte fest, dass „the violent struggle for power, even in states which do not descend into armed conflict, still remains an important component of political life in Africa" (Amnesty International 2008: 3).

3.2 Gewalt im/als System

Nachdem die Ursachen genauer bestimmt sind, ist es angebracht darzulegen, welche die elektorale Gewalt begünstigenden Mittel innerhalb einer Wahl Anwendung finden. Eine Wahl ist ein Prozess, der in drei zeitliche Abschnitte untergliedert werden kann und dabei mannigfaltige Möglichkeiten bietet, den Ausgang der Abstimmung undemokratisch zu beeinflussen.

Diese drei Zeiträume eines Wahlprozesses sind die pre-elektorale Phase, die eigentliche Wahlphase sowie die post-elektorale Phase. Wie Abbildung 1 zu entnehmen ist, setzt sich jeder der drei Abschnitte aus einer Vielzahl von weiteren Prozessen und Handlungsanforderungen zusammen, deren komplexes Zusammenspiel erst die erfolgreiche Durchführung einer Wahl ermöglicht. Nachfolgend werden kurz die Konflikte[4] erläutert, die bei der Durchführung von Wahlen entstehen können.

Die pre-elektorale Phase ist besonders anfällig für Identitäts- und Kampagnenkonflikte. Identitätskonflikte können dabei unterschiedliche Formen annehmen, zielen aber grundsätzlich darauf ab, dass die ausgewählte oder festgelegte Wählerbasis dem jeweiligen Kandidaten möglichst sicher einen Abstimmungserfolg einbringt. Beispielsweise kann ein amtierender Präsident die Staatszugehörigkeitskriterien entsprechend ändern, sodass ein möglicher Gegenkandidat nicht mehr für das Amt kandidieren kann oder ganze Bevölkerungsteile von der Teilnahme an der Wahl ausgeschlossen werden. Oder die Grenzen von Wahldistrikten werden neu bestimmt, wodurch gezielt andere Mehrheiten entstehen (Fomunyoh 2009: 10). Wählerverzeichnisse

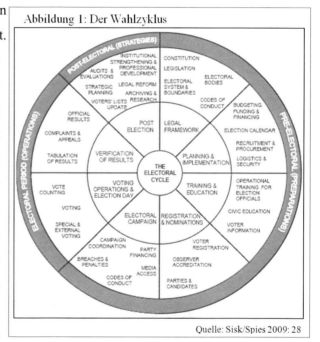

Abbildung 1: Der Wahlzyklus

Quelle: Sisk/Spies 2009: 28

können manipuliert, bereits verstorbene oder nicht wahlberechtigte Personen registriert werden. Alternativ können Personengruppen, die nicht an einer Wahl teilnehmen sollen, verwaltungstechnische Hürden auferlegt werden, wie zum Beispiel die Nichtzustellung der notwendigen Papiere. Weniger technisch können die öffentliche Verunglimpfung, Beschimpfung oder Erniedrigung von Gegenkandidaten bzw. deren Identitätsgruppen sein. Dies kann soweit führen, dass, bei einer entsprechenden Mobilisierung, sich die Anhängerschaften auf offener Straße bekämpfen. Eng damit verbunden sind Kampagnenkonflikte, die dazu dienen, den jeweils anderen Kandidaten als weniger fähig und

---

[4] Die Darstellung der vier Konfliktarten folgt der Argumentation von Fischer 2002: 3, soweit nicht anders ausgewiesen.

seriös oder als korrupter, verlogener oder unmenschlicher darzustellen. Vorteile hat, wer mehr Medien (insbesondere Radio) unter seiner Kontrolle hat. Von einfachen Beleidigungen über Rufmord bis hin zu Morddrohungen kann auch hierbei wieder eine Fülle an Maßnahmen ergriffen werden.

Die eigentliche Wahlphase, also die Zeit der Stimmabgabe, ist vor allem geprägt durch Abstimmungskonflikte. Hier kann es sich um die Störung des Wahlvorganges durch die illegale Besetzung von Wahllokalen, das Sperren von Zugangswegen, die Durchführung von Anschlägen gegen Wähler handeln. Aber ebenso um die Mehrfachabstimmung von Personen, die Einschleusung von zuvor ausgefüllten Stimmzetteln oder das Verschwinden lassen von bereits gefüllten Wahlurnen. Der Kauf von Stimmen ist ebenso eine Option wie die Androhung von Gewalt, sollte nicht entsprechend gestimmt werden. Weiterhin können bei der Auszählung der Stimmen unterschiedliche Methoden angewandt werden, um das Ergebnis zu verfälschen oder zu manipulieren, wie die Zerstörung von Stimmzetteln, die Zählung zuvor präparierter

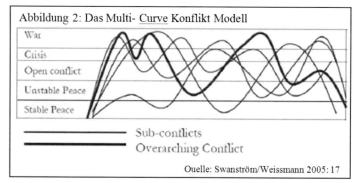

Stimmzettel oder die Weitermeldung von zuvor bestimmten Resultaten an die Wahlbehörden, ohne die eigentliche Abstimmung zu berücksichtigen (für weitere Möglichkeiten elektoraler Gewalt vgl. Collier 2009).

Das Potential gewaltsamer Eskalation ist jedoch am höchsten in der post-elektoralen Phase (Stremlau/Price 2009: 5). Hier spielen in Repräsentationskonflikten die angenommenen Diskrepanzen zwischen dem verkündeten Wahlergebnis und dem erhofften/erwarteten Wahlergebnis eine zentrale Rolle. In Anbetracht der Relevanz, die eine Wahl für einzelne Bevölkerungsgruppen haben kann, ist es dabei nicht verwunderlich, wenn sie den Aufrufen der unterlegenen Kandidaten folgen und mittels ihrer reinen Präsenz oder aber durch Manifestation von Gewalt gegen das verkündete Ergebnis protestieren. Sollten Institutionen mit Schlichtungsfunktion, wie eine Wahlkommission oder ein Gericht, nicht die notwendige Unabhängigkeit besitzen oder diese von Teilen der Bevölkerung oder der Kandidaten in Frage gestellt werden, sind die Chancen, dass ein entstandener Konflikt innerstaatlich gelöst werden kann, gering. Die Gefahr einer gewaltsamen Auseinandersetzung steigt, wenn die Wahl von den beteiligten Akteuren als Nullsummenspiel betrachtet wird und die in der

Abstimmung Unterlegenen von der Teilnahme an der Regierung völlig ausgeschlossen werden.

In diesem Kapitel wurden mögliche Gründe für sowie die Ausprägung von elektoraler Gewalt dargelegt. Von besonderer Bedeutung ist, dass es sich bei elektoraler Gewalt um die Austragung weiterer, in der betroffenen Gesellschaft vernachlässigter oder bewusst unterdrückter Ungerechtigkeiten und Konfliktlinien handelt. Wie in Abbildung 2 anschaulich dargestellt, finden in jeder Gesellschaft mehrere Konflikte zeitgleich statt. Dabei durchlaufen alle Konflikte schwankende Intensitätsstufen, weshalb zur Befriedung eines gerade (gewaltsam und) öffentlichkeitswirksam ausgetragenen Konfliktes immer auch die Suche nach Möglichkeiten zur nachhaltigen Lösung der anderen, eventuell gerade nicht sichtbaren Konfliktlinien notwendig ist. Durch die in afrikanischen Staaten oftmals bestehende Ermangelung effektiver offizieller Konfliktschlichtungsinstitutionen kann eine konstruktive Auseinandersetzung mit den Konflikten aber nur schwer in geregelten und allgemein anerkannten Schlichtungsprozessen innerhalb des gesellschaftlichen Sozialgefüges geschehen. Für die Sicherstellung der alltäglichen Daseinsfürsorge formieren sich die Menschen dann in sub-nationalen identitätsstiftenden Gruppen entlang ethnischer, religiöser oder sozialer Linien (Ake 2003: 46-47). Diese Zersplitterung der Bevölkerung hat zur Folge, dass nicht die möglichst effektive und am Gemeinwohl ausgerichtete Organisation des Staates bei Wahlen im Vordergrund steht, sondern eine möglichst große Einflusssphäre für die jeweiligen Bevölkerungs-gruppen, um weitere Entwicklungsperspektiven für sich zu erschließen. Die Erkenntnis, dass das europäisch-liberale demokratische Modell in Afrika aufgrund besonderer historischer und sozialer Umstände gänzlich anderen Anforderungen unterliegt und daher auch anders genutzt wird, ist essentiell für die Bewertung der Konfliktmanagementfähigkeiten der srO. Denn um beurteilen zu können, welche Probleme im Umgang mit elektoraler Gewalt gelöst werden müssen, inwiefern diese von den srO auch erkannt worden sind und welche Maßnahmen zum Management der Gewalt geeignet sind, ist die Kenntnis der dieser zugrunde liegenden Ursachen sowie der konkreten Ausprägungen unerlässlich.

4. (Sub-)regionale Organisationen in Afrika

Auf dem afrikanischen Kontinent finden sich 54 von der UN anerkannte Staaten sowie einige nicht anerkannte, mit mehr oder weniger Autonomie ausgestattete Gebiete wie Puntland, Somaliland, die Demokratische Arabische Republik Sahara oder Jubaland. Trotz dieser Vielfalt und der Größe des Kontinentes hat sich in den letzten 150 Jahren zwischen Afrikanern eine kollektive afrikanische Identität herausgebildet, die sich auf die von den Kolonialmächten erschaffene Identität des *Anderssein* stützt. Diese ist bei den Menschen des afrikanischen Kontinents ebenso zu finden wie in den weltweit verstreuten Gemeinden der Diaspora (vgl. Fanon 1986). Ausgehend von der gemeinsamen kolonialen Erfahrung entwickelte sich die Idee des Pan-Afrikanismus, kulturell bestärkt durch das Konzept der Négritude. Die 1963 gegründete Organisation der Afrikanischen Einheit (Organization of African Unity - OAU) vereinte dann bereits 32 unabhängige Staaten miteinander und erklärte die Beendigung von Kolonialismus und Apartheid, wirtschaftliche Entwicklung sowie das Zusammenwachsen der afrikanischen Nationen zu ihren vorrangigen Zielen (Bogland et al. 2008: 12). Doch als das Erreichen des ersten Zieles in greifbare Nähe rückte(Namibia war bis 1990 von Südafrika besetzt, die Apartheid wurde erst 1994 beendet), sank die Euphorie über die koloniale Unabhängigkeit, vor allem, weil die OAU nicht in der Lage schien, die zahlreichen neu entstandenen postkolonialen entwicklungs- und sicherheitspolitischen Probleme der afrikanischen Bevölkerung lösen zu können. Als Reaktion formierten sich deshalb die Staaten ab den 1970er Jahren in kleineren srO mit zumeist wirtschaftlichem Fokus, die effektiv auf die jeweiligen Besonderheiten und Dynamiken der in ihnen zusammengeschlossenen Staaten reagieren können sollten (Mazrui 1977: 27). Daraus resultiert, dass es heute eine Vielzahl an srO in Afrika gibt, deren Mitgliedschaft nie exklusiv ist, weshalb fast sämtliche Staaten mehreren srO parallel angehören (vgl. Anhang 1: Mitgliedschaften afrikanischer Staaten in srO). Für die Herstellung von Frieden und Sicherheit auf dem gesamten afrikanischen Kontinent bedeutet dies, dass sich die srO notwendigerweise zusammenschließen müssen, um Konflikte und deren überregionale Auswirkungen erfolgreich anzugehen. Dies ist 2002 mit der Schaffung der Afrikanischen Union als Nachfolger der OAU geschehen. Unter dem Schirm dieser neuen kontinent-umfassenden Organisation (nur Marokko ist nicht Mitglied) sind acht srO zusammengefasst, die gemeinsam die Pfeiler für eine friedliche Entwicklung bilden[5].

---

[5] Für eine Übersicht über diese Struktur siehe Anhang 2: Afrikanische Friedens- und Sicherheitsarchitektur.

Im folgenden Abschnitt wird kurz auf die Entwicklung des Pan-Afrikanismus als Grundlage der sich darauf aufbauenden Sicherheitsregime eingegangen, bevor die am Konfliktmanagement in Kenia 2007 und in Côte d'Ivoire 2010 beteiligten srO vorgestellt werden.

4.1 Vom Pan-Afrikanismus zu regionalen Sicherheitsregimen

Der moderne Pan-Afrikanismus ist eine ursprünglich von der afrikanischen Diaspora getragene Bewegung aus dem frühen 20. Jahrhundert, welche eine gemeinsame afrikanische Kultur propagiert und die Einigung aller Afrikaner auf dem afrikanischen Kontinent zum Ziel hat.

Die früheste Bedeutung des Begriffes beinhaltet die Forderung nach der politischen Kooperation aller Personen afrikanischer Abstammung und die Formulierung einer gemeinsamen ‚Schwarzen' Erfahrung, die sich vor allem auf die sich außerhalb von Afrika befindende ‚Schwarze Diaspora' richtet (Howe 1998: 25). In Afrika selber fungiert Pan-Afrikanismus als Schlagwort, welches im Wesentlichen die Notwendigkeit der engeren politischen, ökonomischen und kulturellen Kooperation der Staaten des Kontinents in den Blick nimmt. Die Berufung auf eine pan-afrikanische Vision ist folglich weder ideologisch eindeutig deutbar noch historisch linear definierbar. Zu den ersten Vertretern gehören der in Trinidad geborenen Henry Sylvester Williams und der Afro-Amerikaner William Edward Du Bois, die mit ihren Schriften den Grundstein der pan-afrikanischen Bewegung legten, welche sich ab 1900 mit der ersten Pan-Afrikanischen Konferenz[6] vitalisierte und politisierte. Ergänzt wurde die Bewegung ab den 1920er Jahren von der literarisch-politischen Strömung der *Négritude*, entwickelt von Aimé Césaire und Léopold Sédar Senghor, dem späteren Präsidenten Senegals (Ashcroft *et al.* 2000: 144). Die Négritude nimmt die der von den westlichen Kolonialmächten behauptete Dichotomie der ‚Weißen' und ‚Schwarzen' ‚Rasse' auf, widerspricht aber der angenommenen Kulturlosigkeit der Afrikaner und entwickelt das Konzept eines essentiellen und eigenständigen afrikanischen Wesens und einer autonomen afrikanischen Kultur. Durch die Rückbesinnung auf die vielseitigen und eigenständigen Kulturen und Lebensweisen Afrikas, die durch die Kolonisierung unterdrückt wurden, sollte ‚der Schwarze' vom Objekt der Kolonisierung zum Subjekt eines neuen emanzipierenden

---

[6] Diese Konferenzen waren eine Reihe von insgesamt 7 Treffen zwischen 1900 und 1945, in denen afrikanische Diasporaorganisationen gemeinsame Zielstellungen und Vorgehensweisen besprachen sowie gemeinsame Zielvorstellungen festhielten. Durch die Teilnahme von in den kolonialen Mutterländern Frankreich und Großbritannien gebildeten und dort oft in regierungsnahen Positionen arbeitenden Personen, konnten die Kongresse wesentlichen Einfluss auf die Gleichberechtigungsbewegung und die Dekolonisierung ausüben.

Bewusstseins gemacht werden (Ashcroft *et al.* 2000: 145). Eine zentraler Aspekt war die Beendigung des Kolonialismus und Befreiung von der "weißen" Herrschaft.

Die Vertreter einer neuen Generation von um 1920 geborenen und zumeist in Frankreich, Großbritannien oder den USA gebildeten Afrikanern, die während ihrer Aufenthalte in den europäischen Kolonialstaaten bereits aktiv für die Dekolonisierung warben, kamen durch ihre Studienaufenthalte an denselben Universiäten und ihre Teilnahme an den Pan-Afrikanischen Kongressen miteinander in Kontakt und sahen nun die Möglichkeit, gemeinsam Widerstand zu organisieren und ihren Traum eines vereinten Afrikas in Wirklichkeit zu verwandeln[7].

Eine Reihe von Persönlichkeiten haben durch ihren persönlichen und gemeinsam getragenen (fast ausschließlich politischen) Kampf gegen Unterdrückung und Kolinialismus die neuzeitliche Entwicklung Afrikas, insbesondere die Phase direkt vor und nach der Dekolonisierung maßgeblich geprägt. Hierzu gehören Julius Nyerere, erster Präsident Tansanias, Jomo Kenyetta, erster Präsident Kenias, Sékou Touré, erster Präsident Guineas, Félix Houphouët-Boigny, erster Präsident Côte d'Ivoires, Kwame Nkrumah, erster Präsident Ghanas und Patrice Lumumba, erster Ministerpräsident Kongos. Da den meisten afrikanischen Kolonien ihre Unabhängigkeit innerhalb eines relative kurzen Zeitraumes von circa 10 Jahren erreichten, waren die eben genannten Personen zeitgleich im Amt, wodurch die Idee des Pan-Afrikanismus von einer signifikanten Anzahl an Staats- und Regierungschefs in Afrika nach der Unabhängigkeit getragen wurde. Doch die spezifischen Vorstellungen dieser Elite bezüglich der politischen Einigung der Völker Afrikas variierten und reichten von einem losen Staatenbund unter der Führung einer kontinentalen Organisation bis hin zur Schaffung der Vereinigten Staaten von Afrika[8]. Aus diesem Grund entstanden in den 1950/60ern zunächst zahlreiche regionale Organisation, die den Einigungsgedanken in ersten Schritten umsetzen sollte, wie zum Beispiel die Organisation *Africaine et Malgache de Coopération Economique* oder die *African States of the Casablanca Charter*. Doch nicht nur der Grad an Selbstständigkeit der einzelnen Staaten waren Anlass zu Debatten sondern auch die Art der Beziehungen zu den ehemaligen Kolonialstaaten und deren Entwicklungshilfsgeldern, was dazu führte, dass sich die Staaten in zunehmend rivalisierende Gruppen aufsplitteten (Kumar 2009: 16). Die Gründung der OAU 1963 war daher ein Kompromiss, durch den die

---

[7] Für eine anschauliche Darstellung der möglichen Einflussnahme auf die Politik, die Zusammenarbeit der unterschiedlichen Diasporaorganisationen sowie den persönlichen Kampf gegen Benachteiligung und Kolonialismus im Rahmen des Pan-Afrikanismus ist die Lektüre (Nkrumah 1958) zu empfehlen.
[8] Für eine beispielhafte Darstellung der unterschiedlichen Zielsetzungen und Umsetzungen der afrikanischen Idee trotz ähnlicher europäischer Bildung und gemeinsamem Kampf gegen Imperialismus und Kolonialismus siehe (Assensoh 1998).

Zielstellung der afrikanischen Einheit festgeschrieben, die praktische Umsetzung der Idee aber nicht weiter verfolgt wurde.

In der Folgezeit gründeten sich weitere regionale Organisationen, wie die EAC 1966, ECOWAS 1975 oder die *Southern African Development Coordinating Conference* 1980. Die Vielzahl an Konflikten in dieser Zeit, die zwar vor allem interne Ursachen hatten, aber durch ein System "gegenseitiger Interventionen" regionalisiert wurden, indem "each government sought to deal with its own internal conflicts by some degree of support for insurgencies in neighboring states" (Cliffe 1999: 89) verschärften die Spannungen zwischen den Staatsblöcken Afrikas.

Angesichts der teilweise über Jahrzehnte andauernden Konflikte innerhalb und zwischen den afrikanischen Staaten und stark beeinflusst von den Ereignissen in Somalia 1991, Ruanda 1994 und Kongo 1998, einigten sich die afrikanischen Staats- und Regierungschefs auf die Neugründung der afrikanischen Kontinentalorganisation OAU in Form der AU (Franke 2007: 47). Das "Decade of Awaking" (Yoweri Museveni 1997, zitiert in Franke 2007: 47) sollte endgültig die Voraussetzungen schaffen, um für die afrikanischen Probleme angemessene, eigene und afrikanische Lösungen zu entwickeln und umzusetzen, wofür das Ideal des Pan-Afrikanismus, nun bereinigt vom Blutvergießen und Autoritarismus, erneut beschworen wurde, um eine weitere Regionalisierung zu erreichen (Omotola 2010: 109): "the African Union is the inevitable historical maturation of the ideas of Pan-Africanism and Pan-African Unity, which gave rise to the establishment of the OAU" (Agubuzu 2004).

Die Schaffung einer kontinentumspannenden Sicherheitsarchitektur sollte den Staaten Afrikas ermöglichen, frühzeitig, entschlossen und effizient in Konflikte eingreifen zu können. Dafür wurden unterschiedliche Einsatzszenarien entwickelt, die von militärischer Beratung politischer Missionen über eigenständige Beobachtermissionen bis hin zu komplexen Peacekeeping Operationen reichen (AU 2010e: 38). Für ein wirkungsvolles Funktionieren des Konfliktfrühwarnsystems und der African Standby Force ist die AU aber auf die regionalen Frühwarnzentren und regionalen Brigaden angewiesen, wodurch die subregionalen Organisationen, EAC, IGAD und ECOWAS, zumindest vom reinen Organisationsaufbau abgeleitet, die oberste Zuständigkeit bei friedens- und sicherheitsrelevanten Themen haben (Franke 2007: 48–49) . Die Beziehung zwischen der AU als kontinental-regionale Organisation und den zahlreichen subregionalen Organsiationen ist aber lediglich im Memorandum of Understanding (AU 2007b) beschrieben, in dem nur vage formuliert von einer "Zusammenarbeit" gesprochen wird (Artikel VI). Die einzelnen Organisationen haben daher unterschiedliche Vorstellungen über ihre Aufgaben und Position im internationalen

Konfliktmanagementsystem (vgl. Kapitel 5). Dabei gilt eine enge Zusammenarbeit der Organisationen als zentral für ein erfolgreiches Konfliktmanagement (elektoraler) Konflikte auf dem Kontinent (Kumar 2009: 26).

Die Fähigkeiten und damit Bedeutung von srO für das Konfliktmanagement, speziell in Afrika, wird in der Wissenschaft unterschiedlich bewertet. Denn obwohl afrikanische Staaten, mit nur einer einzigen Ausnahme, an sämtlichen von der UN autorisierten friedensunterstützenden Operationen im Rahmen von „western-led multi-national forces" teilgenommen haben und daher die Bereitschaft zeigen, sich für Frieden und Sicherheit einzusetzen, kann damit noch nicht auf die Fähigkeiten der Durchführung eigenständiger Missionen geschlossen werden (Boulden 2003: 36). Doch es kann erwartet werden, dass srO, angesichts der verheerenden regionalen sozialen und wirtschaftlichen spill-over Effekten von Konflikten, wie Flüchtlingsströme, politische Unruhen oder Nahrungsknappheit, eine erhöhte Bereitschaft haben, in regionale Konflikte zu intervenieren (Franke 2006: 5). Zudem agieren, durch die oftmals direkte Betroffenheit von den Konfliktauswirkungen, srO entschlossener und können Rückschläge besser verkraften als nicht-regionale Akteure (Franke 2006: 5). Weiterhin weisen srO einen erhöhten Kenntnisstand über die dem Konflikt zugrunde liegenden Ursachen und Gründe auf und können zusätzlich auf ein für das Konfliktmanagement äußerst hilfreiches Netzwerk an lokalen Kontakten zurückgreifen (Elgström et al. 2003: 24). Um einer Eskalation von Konflikten entgegenzuwirken, hat es sich außerdem als wirksam erwiesen, wenn die regionalen Akteure institutionelle und normative Rahmenbedingungen schaffen, um lokale Akteure präventiv abzuschrecken, Straffreiheit abzuschaffen und gewaltförderndem Verhalten entgegenzuwirken (Höglund/Jarstad 2010: 2). Manche Autoren sehen für srO insbesondere in den ersten Phasen von friedensfördernden Missionen den verhältnismäßigen Vorteil gegenüber zum Beispiel der UN, während letztere die robusten Missionen übernehmen sollte (vgl. Barnett 1995).

Kritisch wird hingegen immer wieder die fehlende Langfristigkeit der Einsätze von srO gesehen (Mutisi 2010: 3, rechte Spalte), die in einem engen Verhältnis zu den institutionellen und finanziellen Möglichkeiten dieser Organisationen steht. Insbesondere die für eine erfolgreiche Umsetzung von friedensfördernden Interventionen notwendigen Fähigkeiten, wie Monitoring, Umsetzungsfähigkeit, Fachwissen und technische Expertise sind nicht ausreichend fortgeschritten, um eine wesentliche Rolle im Konfliktmanagement einzunehmen (Erikkson 2010: 43). Dadurch machen sich die afrikanischen srO weiterhin abhängig von nicht-afrikanischen und damit nicht-regionalen Ressourcen (Aggad 2007: 57), wodurch die

Gefahr einer Vereinnahmung besteht und die für ein erfolgreiches Konfliktmanagement notwendige Neutralität nicht mehr gegeben ist (Ghebremeskel 2002: 29). Bedingt durch die fehlenden Ressourcen entstünde oft eine „ad hoc hybridity" (Williams 2008: 316–317) von Friedensbemühungen, die eine nachhaltige Entwicklung von regionalen Strategien und Kapazitäten erschweren (Sperling 2011: 1). Weiterhin gibt es Autoren, die die Vorteile für ein Konfliktmanagement durch lokales Wissen und enge kulturelle, soziale oder politische Verbundenheit mit den Konfliktparteien anzweifeln und darauf hinweisen, dass dadurch auch die Neutralität für eine friedensfördernde Konfliktintervention stark eingeschränkt sein kann (Franke 2006: 2–3).

Ein weiterer kritischer Punkt ist der fehlende Konsens bezüglich einer Aufgabenteilung zwischen den unterschiedlichen Ebenen des internationalen Konfliktmanagementsystems. Dies sorgt für unnötige Spannungen zwischen den Organisationen: So hat die AU zum Beispiel 2005 verkündet, dass sie keine vorherige Autorisierung durch den UN Sicherheitsrat für robuste Operationen benötige, da auch eine nachträgliche Zustimmung ausreichend sei (Williams 2008: 321–322). Insbesondere bei afrikanischen šrO kann weiterhin bemängelt werden, dass die Effizienz und Effektivität sämtlicher friedensfördernder Maßnahmen durch überlappende Mitgliedschaften stark eingeschränkt wird, da die Mitgliedsstaaten mitunter nur schwach an die Organisationen gebunden sind und die Mandate und Standpunkte der Organisationen widersprüchlich sein können (Economic Commission for Africa/African Union 2006: 68). Die daraus folgende Überschneidung von Interventionen verschiedener regionaler Organisationen bei ein und demselben Konflikt bietet den Konfliktparteien die Möglichkeit, die Akteure gegeneinander auszuspielen und den Friedensprozess nachhaltig zu stören (Piccolino 2010: 3).

Zusammenfassend werden von Seiten der afrikanischen šrO die Notwendigkeit eines gemeinsamen Vorgehens und die Weiterentwicklung regionaler Kapazitäten hervorgehoben. Mit der Schaffung der APSA und den unterstützenden Institutionen in den subregionalen Organisationen sollen die institutionellen und normativen Schwächen ausgeglichen sein und die šrO befähigt werden, selbstständig und möglichst ohne externe Unterstützung, Konflikte zu bewältigen und afrikanische Lösungen für afrikanische Probleme zu finden. Die zentrale Rolle innerhalb des Konfliktmanagements, die sich die afrikanischen šrO damit zuschreiben, bedarf einer kritischen Überprüfung. Im Folgenden wird daher zunächst die für die Konfliktbewältigung zentrale Organisationsstruktur dargestellt.

4.2 Kurzvorstellung der (sub-)regionalen Organisationen

Die Varianz afrikanischer srO ist groß. Während manche vor allem für die Kooperation und Weiterentwicklung touristischer Infrastruktur gegründet wurden, wie die *Indian Ocean Commission*, konzentrieren sich andere, wie die *Economic Community of the Great Lakes Countries*, vor allem auf die sicherheitspolitische Zusammenarbeit. Einige der afrikanischen srO gehören zu den ältesten der Welt, wie die *Southern African Customs Union* von 1910, andere sind erst relativ kürzlich (wieder) aktiv geworden, wie die *East African Community* 1999. Und derweil die Zusammenarbeit in einigen srO spürbar Fortschritte macht, wie bei der *New Partnership for African Development*, sind die Mitglieder von anderen srO aufgrund interner und externer Konflikte seit Jahren nicht mehr zusammengekommen wie bei der *Arabische Maghreb-Union*.

Infolge dieser Unterschiede im institutionellen Design, im Wirkungsumfang und in den unterschiedlichen Mitgliedschaften, regionalen Ansprüchen und in Abhängigkeit von der jeweils eigenen Wahrnehmung, beteiligen sich nur manche der afrikanischen srO aktiv am Konfliktmanagement. Acht srO sind von der offiziell als Verhandlungspartner der Afrikanischen Union anerkannt, wovon fünf wiederum auch aktiv die Pfeiler der kontinentüberspannenden afrikanischen Friedens- und Sicherheitsarchitektur APSA bilden und mittels dem Aufbau regionaler Konfliktfrühwarnsysteme, der Aufstellung militärischen Einsatztruppen und der Schaffung regionaler Mediationseinheiten Sorge tragen, den Frieden auf dem Kontinent zu sichern und zur Not auch wiederherzustellen[9].

Die für das Konfliktmanagement wesentlichen Organisationsstrukturen der vier srO, welche sich aktiv am Konfliktmanagement der elektoralen Gewalt in Kenia 2007/08 und in Côte d'Ivoire 2010/11 eingebracht haben und daher im Fokus dieser Untersuchung stehen, werden im Folgenden vorgestellt. Diese sind die AU, die in beiden Konflikten intervenierte, ECOWAS, die in Côte d'Ivoire sowie EAC und IGAD, die in Kenia aktiv wurden.

---

[9] Diese srO sind die *Regional Economic Communities* (REC) *Arabische Maghreb-Union*, die *Southern African Development Community*, die *Economic Community of West African States*, die *Intergovernmental Authority on Development*, die *East African Community* und die *Economic Community of Central African States*. Aufgrund der überschneidenden Mitgliedschaften der verschiedenen srO ist der afrikanische Kontinent in die fünf Bereiche Nord, Süd, Ost, West und Zentral eingeteilt, weshalb der *Common Market for Eastern and Souhern Africa* und die *Community of Sahelo-Saharan States* zwar offiziell Teil der AU, aber kein Bestandteil der APSA sind. Um die fehlende Bereitschaft/Kapazitäten der Arabischen Maghreb-Union auszugleichen und die Überschneidung der srO in Ostafrika einzudämmen, wurden die *Regional Mechanisms* (RM) gegründet: die *North African Regional Capability* und die *East African Standby Force*, die für den Aufbau der regionalen Brigaden der *African Standby Force* zuständig sind, darüber hinaus aber keine weiteren Funktionen einnehmen. Für eine Übersicht über die Einteilung in die fünf Regionen siehe Anhang 3: die Regionen der AU.

4.2.1 AU

Die *Organisation der Afrikanischen Einheit* erwies sich als nicht fähig, die Menschenrechte zu sichern und politische Konflikte zu schlichten. Vor allem die Anzahl und das Ausmaß der in den 1990er Jahren den afrikanischen Kontinent sozial und politisch verwüstenden Konflikte offenbarten die Notwendigkeit, eine durchsetzungsfähigere Organisation zu schaffen (Kumar 2009: 13). Auf dem Gipfeltreffen afrikanischer Staatslenker 1999 in Sirté beschlossen, wurde die *Afrikanische Union* drei Jahre später als Nachfolgeorganisation der OAU gegründet. Sie vertritt, mit Ausnahme Marokkos, alle Staaten Afrikas und hat damit 54 Mitglieder. Sie gilt, insbesondere im Vergleich zur OAU, als proaktiv und willens, in Konflikte zu intervenieren (EISA 2010a: 15–16). Die Vision der AU ist „[a]n integrated, prosperous and peaceful Africa, driven by its own citizens and representing a dynamic force in global arena" (AU 2012).

Die AU hat eine eigenständige *Commission*, die sich um das Tagesgeschäft der Union kümmert, die Mitglieder repräsentiert und die Planung für das *Executive Council*, dem Treffen der Minister der Mitgliedsstaaten, macht. Die Kommission hat, da es sich um ein eigenständiges Organ handelt, die Möglichkeit, Themen eigenständig auf die politische Agenda zu setzen und diese in begrenztem Umfang auch umzusetzen und stellt zudem die Schnittstelle zwischen den subregionalen und den regionalen Einrichtungen zum Konfliktmanagement dar[10]. Das *Department of Peace and Security*, eine der Fachabteilungen innerhalb der Kommission, ist afrikaweit die zentrale Einrichtung zur Operationalisierung der beschlossenen regionalen Friedensinitiativen. Die *Assembly,* bestehend aus den Staats- und Regierungschefs der Mitgliedsstaaten, legt die Richtlinien der Politik der AU fest, bestimmt den Vorsitzenden der Kommission und entscheidet über zu veranlassende Maßnahmen zur Sicherung von Frieden und Sicherheit (AU 2000a: Art. 23(2)).

Das entscheidende Organ für ein eigenständiges aktives Konfliktmanagement der AU-Organisation ist aber der *Peace and Security Council* (PSC). Er besteht aus 15 regelmäßig neu gewählten Mitgliedsstaaten und bildet seit 2002 das Zentrum der kontinentalen APSA. Durch seine weitreichenden Befugnisse ist er zuständig für die Wahrung demokratischer Prinzipien, die Einhaltung der Menschenrechte und die Anwendung jeglicher als notwendig erachteten friedensfördernden Maßnahmen (AU 2002a: Art. 6,7). Für eine erfolgreiche Umsetzung dieser wurde außerdem ein kontinent-weites *Konfliktfrühwarnsystem* (CEWS) etabliert, das *Panel of the Wise* (PoW) als Mediationseinheit gegründet und eine *African Standby Force* (ASF) als militärischer Arm erschaffen. Während ersteres für die Beobachtung aller potentiell

---

[10] Für ein Organigramm der Konfliktmanagementstruktur siehe Anhang 4: Struktur des AU PSC.

konfliktträchtigen Veränderungen in Afrika zuständig ist, wird das PoW eingesetzt, um fact-finding Missionen durchzuführen und im Konfliktfall schlichtend einzugreifen. Die AFS hat die Aufgabe, Kriegsverbrechen, Genozid oder Verbrechen gegen die Menschlichkeit zu verhindern, kann aber zusätzlich durch eine Autorisierung des PSC für anderweitige Aufgaben zur Wahrung des Friedens aktiviert werden und dafür sogar die Souveränitätsrechte der einzelnen Mitgliedstaaten einschränken (AU 2000a: Art. 4(h), AU 2003: Art. 4(h)). Weiterer Bestandteil der Konfliktmanagementstruktur der AU ist der Court of Justice and Human Rights, an den sich auch Einzelpersonen wenden können, wenn die vertraglichen Prinzipien des demokratischen und friedlichen Zusammenlebens der AU verletzt wurden. Auch wenn die genauen Formen der Zusammenarbeit der einzelnen Organe wie dem PSC, der Kommission und der Assembly nicht klar definiert und eine hierarchische Ordnung nicht detailliert beschrieben sind, so hat doch jedes der Organe spezifische Machtbefugnisse und Instrumente erhalten, um im (drohenden) Konfliktfall entsprechende Maßnahmen zu erlassen. Weil die zu ergreifenden Maßnahmen der einzelnen Organe kontextabhängig bestimmt werden, ist die Organisation in der Lage, auf elektorale Gewalt in allen drei Wahlphasen zu reagieren. Insgesamt hatte die AU ausreichend spezielle Konfliktmanagementinstrumente, um die elektoralen Konflikte in Kenia 2007 und in Côte d'Ivoire 2010 vorherzusehen und darauf zu reagieren.

4.2.2 ECOWAS

Die *Economic Community of West African States* wurde 1975 gegründet, 12 Jahre, nachdem der liberianische Präsident Tubman den Anstoß dafür gab. Sie setzt sich aus 15 Staaten Westafrikas zusammen und wurde ursprünglich zur Umsetzung einer gemeinsamen Wirtschaftszone gegründet[11]. Auch wenn die wirtschaftliche Vereinigung relativ weit fortgeschritten ist, so hat ECOWAS die Notwendigkeit eines gefestigten Friedens in der Region als Voraussetzung für alle weiteren sozialen und wirtschaftlichen Zielsetzungen sehr schnell erkannt (Ancas 2011: 2). Inzwischen wird die Organisation mitunter schon eher als eine Sicherheitsorganisation als eine regionale Handelsorganisation beschrieben, da die sicherheitspolitischen Themen aktuell mehr Bedeutung erfahren (Shams 2003: 15). Dies liegt insbesondere an der Tatsache, dass ECOWAS als einzige REC weltweit bereits mehrere eigenständige Peacekeeping Operation durchgeführt hat (u.a. Liberia 1989-96, Sierra Leone 1991-2002).

---

[11] Für eine Karte der Mitgliedsstaaten siehe Anhang 5: ECOWAS Karte der Mitgliedsstaaten.

ECOWAS befindet sich zurzeit in einer Phase der Umstrukturierung. Die Organisation wird von einem *Executive Secretariat* geführt, das sich in der Wandlung zu einer Kommission befindet. Die zentralen Entscheidungen werden allerdings in der *Conference of Heads of States and Governments* getroffen, der Versammlung aller Staats- und Regierungschefs. Die Vorgehensweise und Möglichkeiten für die Wahrung von Frieden- und Sicherheit in der Region ist durch den *Mechanism for Conflict Prevention, Management and Resolution, Peace and Security* von 1999 geregelt. Seit 2008 ist der Mechanismus erweitert worden zum *Conflict Prevention Framework*. Darin verpflichten sich die Mitglieder, ihre Möglichkeiten, Werkzeuge und Ressourcen für Konfliktprävention auszubauen sowie ECOWAS Kapazitäten in Bezug auf humanitäre Krisen und allgemeine Einsatzbereitschaft zu verbessern (ECOWAS 2008: §28 (d, f)). Dafür wurde die Konfliktfrühwarneinheit ECOWARN aufgebaut, ein *Council of the Wise* (CoW) geschaffen sowie ein *Mediation and Security Council* gegründet. Während der CoW allgemein, ähnlich dem PoW der AU, für die Beobachtung der politischen Lage und als spezielles Mediationsorgan eingesetzt wird, bestimmt letzteres, ähnlich wie der PSC der AU, über den Einsatz der *ECOWAS Standby Force*, der regionalen Brigade der ASF und entscheidet und autorisiert alle Maßnahmen zur Wahrung von Frieden und Sicherheit in der Region. Außerdem überwacht der *Community Court of Justice* die Einhaltung der Menschenrechte und die Rechtsstaatlichkeit der Mitgliedsstaaten. Auf Anfrage der betroffenen Staaten hat ECOWAS zusätzlich die Möglichkeit, die *ECOWAS Electoral Assistance Unit* einzusetzen, um bei der Planung und Durchführung von Wahlen die Einhaltung der demokratischen Standards im anfragenden Mitgliedsstaat zu unterstützen (EISA 2010a: 18). Als Besonderheit unterhält ECOWAS als einzige srO in Afrika eine institutionalisierte Kooperation mit der Zivilgesellschaft: Im *West African Network for Peace Building* (WANEP) sind in 12 nationalen Netzwerken über 450 Mitgliedsorganisationen vertreten, die in Zusammenarbeit mit ECOWARN gemeinsame, regionalspezifische Frühwarnindikatoren entwickelten und eine möglichst enge Zusammenarbeit von Zivilgesellschaft und Regierungen ermöglichen sollen (Tiruneh 2010: 16).

Durch die Kooperation mit der Zivilgesellschaft hat ECOWAS insbesondere die Fähigkeit, elektorale Gewalt in der pre-elektoralen Phase zu erkennen und durch die langjährige Erfahrung auch das Potential, entschlossen darauf zu reagieren bzw. in den anderen Phasen des Wahlzykluses einzugreifen.

Während der Krise in Côte d'Ivoire 2010 besaß ECOWAS demzufolge ausreichend Organe mit einer Spezialisierung auf Konfliktmanagement, die zudem teilweise schon seit über 20 Jahre friedensunterstüzende Missionen umsetzten, um sich wirkungsvoll am

Konfliktmanagement in Côte d'Ivoire zu beteiligen: „ECOWAS mediation has led to the signing of nearly two dozen peace agreements to end destructive wars in West Africa" (ECOWAS 2005), wozu auch das Engagement der Organisation im Bürgerkrieg zwischen 2002 und 2007 in Côte d'Ivoire zählt.

4.2.3 EAC

Die *East African Community* wurde urspünglich 1967 gegründet, löste sich jedoch aufgrund politischer interner Differenzen bereits zehn Jahre später wieder auf. 1993 bildeten die drei ursprünglichen Mitgliedsstaaten Kenia, Tansania und Uganda die *Tripartie Commission*, 1996 folgte dann die Neugründung der EAC unter dem Motto „One People, One Destiny". Im Jahr 2007 wurden außerdem Ruanda und Burundi aufgenommen, wodurch die Gemeinschaft heute 5 Mitglieder hat[12]. Auch sie hat ein eigenes *Secretariat*, das für die Leitung und Repräsentation zuständig ist. Der *Summit of Heads of States* gibt die politischen Richtlinien vor. Eigentlich auf den Zusammenschluss zu einem Wirtschaftsraum orientiert, hat die EAC 2006 die *Strategy for Regional Peace and Security in East Africa* (EAC 2006) beschlossen, in der die Schaffung eines Konfliktfrühwarnsystemes (EWM) festgelegt wurde. Das *Conflict Prevention Management and Resolution Framwork* (EAC 2009), das neben dem EWM das Mediationsorgan *Council of Eminent Persons* gründet, wurde erst 2009 verabschiedet, weshalb die daraus hervorgegangenen Organe zwar die Bereitschaft zum Konfliktmanagement zeigen, allerdings während der Krise in Kenia 2007 noch nicht existierten. Die EAC hatte somit 2007 keine adäquaten Organe, um auf die elektorale Gewalt, unabhängig von der Wahlzyklusphase, im Rahmen der kenianischen Präsidentschaftswahlen mit zuvor für diese Zwecke gegründeten Organe oder festgelegten Abläufen zu reagieren.

4.2.4 IGAD

Die *Intergovernmental Authority on Drought and Development* (IGADD) wurde 1986 mit dem Ziel gegründet, der anhaltenden Desertifikation und den immer wiederkehrenden Dürren im regionalen Kontext zu entgegnen. Aufgrund der zahlreichen politischen Spannungen, insbesondere im Sudan, wurde das Mandat der Organisation deutlich ausgeweitet und 1996 schließlich als *Intergovernmental Authority on Development* neu gegründet. Neben der Herstellung von Ernährungssicherheit sind Konfliktprävention, -management und -resolution wichtige Ziele der Gemeinschaft. Sie hat 7 Mitglieder[13], von denen Eritrea jedoch 2007 seine Mitgliedschaft aus Protest gegen den Einmarsch äthiopischer Truppen in Somalia ausgesetzt

---

[12] Für eine Karte der Mitgliedsstaaten siehe Anhang 6: EAC Karte der Mitgliedsstaaten.
[13] Für eine Karte der Mitgliedsstaaten siehe Anhang 7: IGAD Karte der Mitgliedsstaaten.

hat und seit Mitte 2011 wieder aufgenommen werden möchte. Die Genehmigung des Antrages ist allerdings mit Schwierigkeiten verbunden, da die UN Eritrea eines versuchten Anschlages auf ein AU Gipfeltreffen beschuldigt (BBC 2011a). IGAD hat ein eigenständiges *Secretariat*, das für die Organisationsabläufe der Organisation zuständig ist. Die *Assembly of Heads of States and Government* sind das oberste Organ, welches auch die Leitlinien und Aktivitäten festlegt. Eine *Mediation Support Unit* ist für die technischen Aspekte bei Konfliktmediationen zuständig, aber noch nicht einsatzbereit. IGAD hat 2002, begründet durch die Erfahrungen jahrzehntelanger gewaltsamer Konflikte in den Mitgliedsstaaten Sudan und Somalia, das bisher afrikaweit am besten funktionierende Konfliktfrühwarnsystem, den *Conflict Early Warning and Response Mechanism* (CEWARN) entwickelt, das Bestandteil des APSA *Conflict and Eraly Warning Systems* (CEWS) ist. Allerdings konzentriert es sich nur auf ausgewählte Grenzabschnitte zwischen Kenia, Sudan und Somalia und nur auf pastorale Konflikte. Weiterhin unternimmt IGAD auf Anfrage der Mitgliedsstaaten Wahlbeobachtermissionen, hat für diese jedoch keine eigenen Richtlinien entwickelt. Zum Zeitpunkt des Ausbruches der elektoralen Gewalt in Kenia 2007 hatte IGAD daher keine (elektorale)-Gewalt-schlichtende Mechanismen, mittels derer sie auf die Krise, unabhängig von der Wahlzyklusphase, nach festgelegten Abfolgen hätte reagieren können.

In diesem Kapitel wurde aufgezeigt, dass auf dem afrikanischen Kontinent eine Vielzahl an srO existiert. Durch die unterschiedlichen Entwicklungen dieser, den überschneidenden Mitgliedschaften, sowie durch andere thematische Foki haben die Staats- und Regierungschefs der OAU, einer gemeinsamen afrikanischen Vision folgend, 2002 die AU gegründet. Sie soll proaktiv demokratische Werte, Menschenrechte und wirtschaftliche Entwicklung fördern. Aufgrund der beeinträchtigenden Wirkung von Gewalt und Konflikten auf die soziopolitischen- und wirtschaftlichen Ziele der Union wurde zugleich eine umfassende APSA geschaffen, die auf der engen Zusammenarbeit der kontinentalen und subregionalen Ebene aufbaut. Ein Konfliktfrühwarnungssystem, Mediationsorgane, militärische Eingreiftruppen und das Bekenntnis zum friedlichen Zusammenleben sollen auf dem Kontinent und in den einzelnen Regionen für eine frühzeitige Erkennung von potentiellen Konflikten und eine zeitnahe Intervention durch die srO ermöglichen.
Doch im internationalen Konfliktmanagementsystem gibt es noch mehr Organisationen, die sich aktiv mit der Bearbeitung von Konflikten auseinandersetzen, allen voran die UN. Sie wurde nach den Erfahrungen der beiden Weltkriege und dem Scheitern des *Völkerbundes* 1945 gegründet, um auf globaler Ebene bei Ereignissen, die den globalen Frieden bedrohen,

einschreiten zu können. Doch die Konflikte haben sich, insbesondere in den letzten 20 Jahren, zunehmend verändert. Das nächste Kapitel wird sich daher mit der Fragestellung auseinandersetzen, welche Rolle (afrikanische) srO im globalen Konfliktmanagementsystem zugesprochen wird und welche diese für sich in Anspruch nehmen.

5. Konfliktmanagement (sub-)regionaler Organisationen

Das sRO im globalen Konfliktmanagementsystem eine zunehmende Rolle spielen, wird an den folgenden wenigen Beispielen deutlich: Im Jahr 2004 bildete die internationale Gemeinschaft eine Übergangsregierung für Somalia, die seit 2007 von der *Afrikanischen Union* durch eine militärische Mission unterstützt und geschützt wird. Im Jahr 2009 kommt es in Honduras zu einem Staatsstreich, bei dem der Präsident Manuel Zelaya entmachtet wurde. Die *Organisation Amerikanischer Staaten* suspendiert die Mitgliedschaft des Landes sofort, erhöht damit den internationalen Druck und isoliert die Putschisten weiter. Zwischen Kambodscha und Thailand spitzt sich der Konflikt um die Tempelanlage Preah Vihear im Jahr 2011 weiter zu, es kommt zu militärischen Konfrontationen. Der *Verband Südostasiatischer Nationen* bemüht sich um eine friedliche Lösung und drängt auf die Einhaltung der Nichtangriffsverträge seiner Mitgliedsstaaten. Im Jahr 2012 bilden sich in Syrien Widerstandsgruppen, die für die Absetzung der Regierung unter dem Präsidenten Baschar al-Assad kämpft. Die *Arbabische Liga* suspendiert die Mitgliedschaft des Landes und entsendet eine Beobachtermission. Die Option einer militärischen Intervention durch die Organisation wird erwogen.

Während das 19. und 20. Jahrhundert als Jahrhunderte des Imperialismus beschrieben werden, so könnte das 21. Jahrhundert das Jahrhundert der Regionen werden (Clements/Foley 2008, zitiert in Wulf 2009: 5). Die Bedeutung von (sub-)regionalen Initiativen zur Konfliktprävention und im Konfliktmanagement wird als immens beschrieben (EISA 2010b: 5). So haben sRO auch eindeutige Vorteile gegenüber internationaler Organisation mit globalem Anspruch wie der UN. Dazu zählen die höhere Bereitschaft zu einem Engagement, weil Mitglieder einer lokalen sRO zumeist direkt oder indirekt von dem jeweiligen Konflikt betroffen sind, ein oftmals besseres Verständnis des Konfliktes aufgrund der kulturellen und politischen Nähe (Møller 2005: 4–6) sowie eine größere Entschlossenheit, die sich in längeren Missionen und der besseren Absorption von Rückschlägen niederschlägt(Franke 2006: 5) (vgl. Kapitel 4.1). Illustriert wird dies durch eine Aussage des früheren ECOMOG Kommandeurs Victor Malu: „I think [the ECOMOG Intervention in Liberia] is much more effective than the United Nations peacekeeping, in terms of the casualties that have occurred within the seven years of peacekeeping here. If the United Nations had got one-tenth of that they would have abandoned this place over how many years back" (BBC Newsday Radio Broadcast, 1. Feb 1998, zitiert in Berman/Sams 2000: 148). Jedoch variieren die Kapazitäten, die Eigenwahrnehmung und die Bereitschaft der sRO, sich in Konflikte der eigenen Region einzumischen, stark (Hansen et al. 2006: 1).

Eine festgelegte Rollenverteilung im internationalen Konfliktmanagementsystem gibt es nicht. Durch das Fehlen fester Regulatorien ist die Beziehung zwischen der UN und srO nicht festgelegt und basiert auf Fall-zu-Fall-Entscheidungen (Schreuer 1995: 493). Als globale Institution, die sich der Wahrung des globalen Friedens widmet und diesen auch militärisch, durch entsprechendes Engagement der Mitglieder, durchsetzen kann, scheint die UN allerdings den neuen, insbesondere intra-staatlichen und regionalen Konflikten von ihrer Organisationsform (Franke 2006: 1) wie auch ideell (Jackson 2000: 44) nicht gewachsen zu sein. So hat sich in den letzten Jahrzehnten gezeigt, dass sich die UN nicht mit allen international bedeutsamen Konflikten auseinandersetzen konnte (Essuman-Johnson 2009: 421). Auch wenn die UN keinen Anspruch darauf erhebt, die einzige Organisation zur Wahrung des internationalen Friedens zu sein (UN 1995), so entsteht durch die noch ausstehende Klärung der Kompetenzen und Zuständigkeiten ein Spannungsverhältnis zwischen den Organisationen der (sub-)regionalen und denen der globalen Ebene, welches ein effizientes Wirken der unterschiedlichen Mechanismen und jeweiligen Vorteile bisher verhindert (Ancas 2011: 3). Praktisch gibt es die Tendenz, die srO zuert die Schlichtung eines regionalen Konfliktes zu überlassen, um bei fehlenden Erfolgen globale Unterstützung zu geben bzw. regionale Mechanismen einzusetzen, wenn es zu einer Vetoentscheidung im UN Sicherheitsrat kommen sollte. Die konkrete Arbeitsplanung und Absprache zwischen der UN und den srO ist zumeist eine Frage der Praktikabilität (Schreuer 1995: 491).

Im Folgenden werden die wesentlichen Inhalte der Vertragswerke und internationalen Übereinkommen der UN und der für diese Untersuchung relevanten srO mit Hinblick auf die angestrebte Aufgabenverteilung und ihre jeweils eigenen Ansprüche im internationalen Konfliktmanagementsystem vorgestellt, um zu erkennen, welche Aufgaben sie bei der Verhinderung elektoraler Konflikte haben.

5.1 Das globale Konfliktmanagementsystem der UN

Die UN hat in Artikel 24 ihrer Charta eindeutig ihren globalen Anspruch festgeschrieben: „[I]ts Members confer on the Security Council primary responsibility for the maintenance of international peace and security" (UN 1945). Artikel 33 (1) schreibt den srO jedoch auch eine wichtige Rolle zu, indem bei einem den internationalen Frieden bedrohenden Konflikt, die Konfliktparteien „shall, first of all, seek a solution by negotiation, enquiry, mediation, conciliation, arbitration, judicial settlement, resort to regional agencies or arrangements [...]" (UN 1945). Artikel 51 der Charta gesteht das inhärente Recht zu individueller oder gemeinsamer Selbstverteidigung zu und lässt in Artikel 53 Absatz 1 die Möglichkeit offen, srO zur Wahrung des internationalen Friedens unter der Autorität des UN Sicherheitsrates zu nutzen. Die Charta spricht zusätzlich jeder srO das Recht zu, in Situationen und Konflikten, die den internationalen Frieden bedrohen, eigenständig aktiv zu werden (Artikel 52 Absatz 2), solange dies mit dem Einverständnis der UN geschieht (Artikel 54).

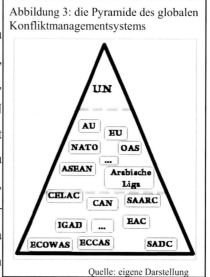

Abbildung 3: die Pyramide des globalen Konfliktmanagementsystems

Quelle: eigene Darstellung

Das globale Konfliktmanagementsystem bildet aus Sicht der UN graphisch eine Pyramide, in der die UN an der Spitze als einzige Weltorganisation als oberstes Organ für die Sicherstellung internationalen Friedens und Sicherheit zuständig ist, während die subregionalen Organisationen die Basis bilden, welche für das praktische Konfliktmanagement auf lokaler Ebene und nach Anweisung/Zustimmung der UN tätig sind. Dazwischen bilden die regionalen Organisationen die zentrale Schnittstelle (Nhara 1998: 39). Das globale Konfliktmanagementsystem basiert folglich auf dem Prinzip der Subsidiarität, nach welchem die jeweils möglichst niedrigste Einheit für die Bearbeitung von Konflikten zuständig ist (Møller 2005).

Mit dem zunehmenden Engagement zu Beginn der 1990er Jahre von srO im internationalen Konfliktmanagement und der Mehrung neuer Konfliktsituationen, erfolgte das Eingeständnis von Seiten der UN, dass eine Klarifizierung der unterschiedlichen Aufgabenverteilung der Organisationen notwendig sei. In der *Agenda for Peace* empfahl der Generalsekretär der UN eine gewichtigere Rolle von srO im internationalen Konfliktmanagementsystem, um einerseits die Belastungen der UN zu verringern und andererseits das Konfliktmanagement zu dezentralisieren und damit den jeweiligen Umständen besser anzupassen. Allerdings liege die oberste Verpflichtung zur Wahrung des internationalen Friedens weiterhin bei der UN (UN

1992: §63-65). Im Jahr 1994 lud der Sicherheitsrat šrO ein, Wege und Mittel für eine Verbesserung der Kooperation zu finden (UN 1994). Ein Jahr später, 1995, wurden im *Supplement to An Agenda for Peace* die konkreten Zusammenarbeitsmodi zwischen der UN und den šrO definiert, namentlich *Konsultation, diplomatische Unterstützung, operationale Unterstützung, Co-Deployment* und *gemeinsame Operationen* (vgl. UN 1995). Resolution 1197 des Sicherheitsrates der UN bekräftigt noch einmal die Notwendigkeit einer starken Zusammenarbeit zwischen der UN und šrO, indem gemeinsame Beratungs- und Informationsportale geschaffen werden (UN 1998). Im Dezember 2005 etablierten die UN die *Peacebuilding Commission*, welche die verschiedenen Initiativen und Konfliktmanagementmechanismen auf den unterschiedlichen Ebenen zusammenbringen und koordinieren sollte. Dieser Aufgabe ist sie bisher, wegen unterschiedlicher Einschränkungen und fehlenden Kompetenzen, allerdings noch nicht gerecht geworden (vgl. Rugumamu 2009). Aus Sicht der UN sind šrO der UN weiterhin untergeordnet, ergänzen die Initiativen der UN oder führen Entscheidungen des Sicherheitsrates aus, haben aber noch nicht die Möglichkeiten zum umfassenden Konfliktmanagement (Weiffen 2010: 6). Auch ist ein rigides und damit unflexibles Regelwerk mit genauen Definitionen der Aufgabenteilung nicht unbedingt empfehlenswert (Bouayad-Agha/Krasulin 1995: 15). Der zunehmenden Relevanz von šrO entsprechend, haben die Vorschläge, Initiativen und Koooperationsformen mit der UN zugenommen, bleiben allerdings vor allem auf Europa und Afrika konzentriert (Wulf 2009: 5–6 . Für den Ausbruch elektoraler Gewalt gibt es demzufolge keine konkrete Aufgabenverteilung zwischen der UN und den afrikanischen šrO, weshalb aufgrund des Umfanges der konkreten Gewaltanwendung auf *ad-hoc* Basis die aktiv werdende Ebene beschlossen wird.

Die optimale Rollenverteilung zwischen den unterschiedlichen Ebenen des globalen Konfliktmanagementsystems ist weiterhin Gegenstand aktueller Debatten, in denen zunehmend eine Gewichtsverteilung zugunsten šrO zu beobachten ist (vgl. Alagappa 1997, Kühne 2000, Stadtmüller 2005). Insbesondere bei nicht-militärischen Interventionen, (präventiver) Diplomatie oder anderweitigen friedlichen Konfliktbewältigungsinitiativen sollten zuerst šrO intervenieren, bevor der UN Sicherheitsrat eingeschaltet würde (Weiffen 2010: 6). In einem aktuellen Bericht des UN Generalsekretärs wird den šrO aber weiterhin eher die Rolle als Informationsbeschaffer und Konfliktfrühwarner zugesprochen, die jedoch mit Unterstützung der UN ihre präventiven Kapazitäten verbessern könnten (UN 2011: §25-27).

Die afrikanischen ṡrO haben diesbezüglich mitunter eine andere Wahrnehmung. Bereits 1996, zwei Jahre nach dem Genozid in Ruanda, stellte das *Institute for Strategic Studies* fest: „If there is a common thread running throughout Africa, it is fading international attention. The outstanding feature of Western policy in Africa is its absence" (ISS 1997: 223). Vor diesem Hintergrund unterstützt der frühere OAU Generalsekretät Salim eine aktivere Rolle der ṡrO:

> „The UN needs the cooperation and, indeed, the partnership of regional organizations if it is to be fully effective in brokering peace and ending conflicts. This is why…it will be *necessary* for the UN to seek to expand and deepen its consultations with regional organizations as well to help strengthen them" (Salim 1996, zitiert in Adibe 2003: 102).

Dieses Zitat ist Ausdruck einer zunehmenden Eigenständigkeit afrikanischer ṡrO gegenüber der UN, begründet auf Erfahrungen mangelnder internationaler Aufmerksamkeit sowie der steigenden Fähigkeit zum selbstbestimmten und eigenverantwortlichen Konfliktmanagement.

5.2 Eigenansprüche afrikanischer (sub-)regionaler Organisationen

Ihren Anspruch, Entwicklung verhindernde und Frieden langzeitig gefährdende Konflikte, wie sie im Umfeld von Wahlen entstehen können, eigenständig zu bewältigen, haben die afrikanischen ṡrO durch die Schaffung oder zumindest der Planung entsprechender Organe untermauert. Deren Aktivitäten begründen sich auf in Verträgen und Übereinkommen zwischen den jeweiligen Mitgliedsstaaten festgeschriebenen Verhaltensprinzipien und orientieren sich an festgelegten Handlungsleitlinien. Denn „the legal framework and institutional design provides the basis for combating impunity and for creating conditions discouraging violence" (Höglund/Jarstad 2010: 2).

Der letzte Teil dieses Kapitels widmet sich daher den Prinzipien und Ansprüchen, denen sich die ṡrO verschrieben habe und zeigt auf, in welchem Umfang die Gemeinschaften Verhaltensrichtlinien bestimmt haben, mittels derer sie eine zentrale Rolle im Management elektoraler Konflikte, auch im Verhältnis zur UN, einnehmen möchten. Zu jeder Organisation werden zuerst die selbst aufgestellten Normen dargelegt, dann die konkreten Maßnahmen in den einzelnen Wahlzyklusphasen, danach die eigene Wahrnehmung der Zusammenarbeit im globalen Konfliktmanagementsystem und abschließend eine kurze allgemeine Bewertung.

5.2.1 AU

Einer der Gründe für die Entstehung der AU war die Sicherung von Demokratie und Menschenrechten, was weiterhin eines der zentralen Ziele der Organisation ist (Bailes/Cottey 2006: 209). Das unablässige Streben nach diesen Zielen hat auch die Vorgängerorganisation

OAU immer wieder bekundet, sei es in der *African Charter on Human and Peoples' Rights* (OAU 1981), in der das Recht eines jeden Bürgers auf die Teilnahme an freien Wahlen hervorgehoben wurde, sei es in der *Declaration of the Assembly of African States and Government* von 1990 (OAU 1990), in der sich die Mitgliedsstaaten verpflichteten, die Demokratisierung der afrikanischen Gesellschaften sowie die Konsolidierung demokratischer Institutionen voranzutreiben, in der *Cairo Agenda for Action* von 1995 (OAU 1995), in der die Notwendigkeit betont wurde, gute Regierungsführung durch den Respekt der Menschenrechte und die Abhaltung von freien und fairen Wahlen zu fördern oder in der *NEPAD Declaration on Democracy* von 2002 (OAU 2002), wonach demokratische Prinzipien und Menschenrechte nicht nur gefördert, sondern auch beschützt werden müssen. Der *AU Treaty* (AU 2000a: Präambel) unterstreicht die Entschlossenheit der Mitgliedsstaaten, demokratische Institutionen und demokratische Kultur zu fördern, zu schützen und zu festigen und gute Regierungsführung zu gewährleisten. Dies wird erneut im *Protocol establishing the Peace and Security Council* festgehalten (AU 2002a: Art.3,9). Im selben Jahr wurde die *Declaration on the Principles governing democratic Elections in Africa* erlassen, die sich spezifisch mit den Normen beschäftigt, zu denen sich die Mitglieder der Organisation verpflichten und deren Nichteinhaltung entsprechende Konsequenzen nach sich zieht (AU 2002b). Darin werden die grundlegenden Eigenschaften von Wahlen aufgelistet (frei, fair, offen) und den Bürgern Freiheiten in Bezug auf politische Teilnahme, Kampagnenführung und Meinungsbekundung garantiert (AU2002b: II, IV). Die *Solemn Declaration* von 2004 (AU 2004) bestätigte die Förderung von Demokratie und demokratischen Institutionen und im Jahr 2007 wurde dies nochmals in der *Charter on Democracy, Elections and Governance* bekräftigt (AU 2007a). Diese trat zwar erst im Februar 2012 in Kraft, wurde jedoch bereits 2007 von Kenia und der Côte d'Ivoire unterzeichnet, was auf die Akzeptanz der darin beschriebenen Normen, wie zum Beispiel derPrämisse demokratischer Regierungswechsel und der Verpflichtung zu politischem Pluralismus und Toleranz (Art.2), schließen lässt.

Um potentielle Konflikte möglichst frühzeitig zu erkennen und angemessene Maßnahmen einzuleiten, haben die Organe der AU für die pre-elektorale Phase entsprechende Mandate erhalten. Der Anspruch der AU ist es, durch diese "early responses" (AU 2002a: Art.4) krisenhafte Situationen frühmöglichst einzudämmen und damit eine Eskalation zu verhindern. Falls Probleme bei der Durchführung von Wahlen abzusehen sind, kann ein Mitgliedsstaat frühzeitig bei der Kommission Unterstützung für die Durchführung von Wahlen beantragen, woraufhin eine spezielle *Electoral Assistance Unit* beim Aufbau der Wahlbehörden und den Vorbereitungen zur Wahl beratend Hilfe leistet (AU 2007a: Art.18). Von Seiten der AU ist das CEWS für das Zusammentragen und die Analyse politischer potentiell konfliktfördernder Entwicklungen und für die rechtzeitige Inkenntnissetzung der Organisation verantwortlich (AU 2002a: Art.12). Die AU soll zudem ein *Election Assessment Team* in den jeweiligen eine Wahl durchführenden Mitgliedsstaat entsenden (AU 2002c: Art.1), welches überprüft, ob die konkret anstehenden Wahlen unter legitimen, freien und fairen Bedingungen stattfinden und anschließend Empfehlungen ausspreche, ob und in welchem Umfang eine AU (Beobachter) Mission eingesetzt werden sollte (AU 2002c: Art.3). Diese Funktion wird zumeist vom PoW als dem PSC assistierendem Organ ausgeführt (2002c: Art. 3); das PoW "shall undertake such action deemed appropriate" (AU 2002a: Art.11), um Frieden in Afrika zu erhalten.

Die Entsendung einer *Election Observer Mission* während der Wahlphase geschieht, je nach Dokument, entweder mindestens 2 Monate (AU 2002b: V) bzw. mindestens 5 Tage (AU 2002d: §22) vor dem Abhalten der Wahlen. Die Anwesenheit von Beobachtern ist zentral für die Steigerung von Transparenz und Glaubwürdigkeit der Wahlen und erhöhen so die Akzeptanz der verkündeten Ergebnisse (AU 2002c: Art.1), weshalb die AU auch zu fast jeder Wahl in einem Mitgliedsstaat Beobachter entsendet sehen will. Allerdings werden diese Missionen, aufgrund finanzieller Engpässe, mit dem Verkünden der Ergebnisse beendet, wodurch eine längerfristige Beobachtung der Umsetzung der Wahlergebnisse nicht möglich ist. Bei konkreten Anzeichen von eskalierender Gewalt kann auch die ASF für Wahlbeobachtungsmissionen eingesetzt werden, um den Ausbruch von gewaltsamen Konflikten zu verhindern (AU 2002a: Art.13). Der Einsatz der Standby Force erfolgt auf Empfehlung der Kommission und auf Entscheidung des PSC, der auch das jeweilige Mandat und den Umfang der Mission bestimmt (AU 2002a: Art.13).

Sollte es nach dem Verkünden der Wahlergebnisse, in der post-elektoralen Phase, zu weiteren (gewaltsamen) Konflikten kommen, kann der betroffene Mitgliedsstaat um eine Intervention seitens der AU bitten (AU 2002a: Art.4). Die Kommission hat das PoW und den PSCüber mögliche Bedrohungen zu unterrichten (AU 2002a: Art.10), woraufhin letzter über die Entsendung einer *Peace Support Operation* entscheidet, die Schlichtung, Vermittlung, Mediation oder die Entsendung einer militärischen Eingreiftruppe beinhalten kann (AU 2007b: Art. 7). Dem PSC wird dabei freie Wahl gelassen, welche Art von Maßnahmen er authorisiert, solange sie zu einer Normalisierung der Situation beitragen. Die Assembly hat die Möglichkeit, den einzelnen Organen der AU Aufgaben aufzutragen, durch die der Frieden wiederhergestellt werden soll (AU 2000a: Art.9). Weiterhin hat die *Commission on Human and Peoples' Rights* eine Überwachungsaufgabe bezüglich der Einhaltung der

Menschenrechte. Sollte sie eine Verletzung dieser feststellen, kann ein Staat oder eine šrO vor dem *Court of Justice* angeklagt werden (OAU 1986: Art.45).

Die AU befürwortet eine enge Kooperation in den Bereichen Frieden und Sicherheit mit der UN und den REC/RM (OAU 2000b: §3). Dabei stellt die AU jedoch klar fest, dass sie die Hauptverantwortung für die Schaffung von Frieden, Sicherheit und Stabilität in Afrika habe (AU 2002a: Art.16). Im Bewusstsein der nicht immer ausreichenden Aufmerksamkeit der internationalen Gemeinschaft und trotz der mangelnden finanziellen und logistischen Unterstützung seitens der UN für die Anstrengungen der Afrikaner in diesen Bereichen (OAU 2000b: Präambel) wird die AU als primär verantwortlich für Friedens- und Sicherheitsaspekte in Afrika gesehen (AU 2007b: Art.4), während die Hauptverantwortung für die Wahrung des internationalen Friedens weiterhin bei der UN gesehen wird (AU 2002a: Art.17).Diese generellen Verantwortlichkeiten dürften jedoch die UN nicht von der dringend notwendigen Unterstützung der Friedensanstrengungen in Afrika abhalten (OAU 2000b: §5). Elektorale Konflikte werden daher nicht alt Gefahr für den internationalen Frieden gesehen und in die alleinige Zuständigkeit der AU übertragen.

Auf dem afrikanischen Kontinent vertritt die AU das Prinzip der Subsidiarität (AU 2007b: Art.4), weshalb die REC/RM (vgl. Fußnote 9) aufgefordert werden, eigene Maßnahmen zur Wahrung des Friedens zu ergreifen (AU 2007b: Art.20), allerdings nur in enger Absprache mit der AU (AU 2002a: Art.16). Die Modalitäten der Zusammenarbeit zwischen der AU und den REC/RM ist abhängig von den jeweiligen Umständen (AU 2002a: Art.16). Unabhängig der beschlossenen Maßnahmen ist der UN Sicherheitsrat über alle Aktivitäten zu informieren (AU 2007b: Art.21), wobei die Umsetzung von „African solutions to African problems" (AU 2010a: §14) Vorrang besitzt.

Die AU hat zahlreiche Dokumente verabschiedet, in denen sich ihre Mitgliedsstaaten zur Einhaltung eines umfangreichen Normenkataloges, inklusive demokratischer Prinzipien und der Menschenrechte, verpflichtet. Weiterhin hat die AU Mechanismen entwickelt, durch welche die für Frieden und Sicherheit verantwortlichen Organe der Gemeinschaft in allen drei Phasen einer Wahl, der pre-elektoralen Phase, der Wahlphase und der post-elektoralen Phase, geeignete Maßnahmen ergreifen zu können, um schlichtend einzugreifen, aber auch um mit militärischen Mitteln den Ausbruch oder die Eskalation eines Konfliktes zu verhindern. Die Zusammenarbeit mit der UN auf der globalen Ebene wie auch mit den REC/RM auf der subregionalen Ebene ist widersprüchlich. Die AU nimmt für sich die primäre Rolle beim Konfliktmanagement in Afrika in Anspruch, fordert aber trotzdem die Unterstützung der UN.

Die REC/RM dürfen hingegen eigene Maßnahmen zur Wahrung von Frieden und Sicherheit einleiten, aber nur im Rahmen ihrer Rolle als Säulen der APSA, die von der AU gesteuert und weiterentwickelt wird. Dadurch gelten sämtliche Dokumente und Verträge automatisch auch für die nun folgend untersuchten srO.

5.2.2 ECOWAS

ECOWAS verpflichtet sich zur Prävention, dem Management und dem Lösen von intra- und interstaatlichen Konflikten (ECOWAS 1999: Art.3). Dabei gesteht die Gemeinschaft jedem Bürger grundsätzliche Rechte, wie die Teilnahme an politischen Prozessen, Freiheits-, Meinungs-, Versammlungs- und Pressefreiheit, zu und erklärt den Staat als unparteiisch und das Militär als apolitisch (ECOWAS 2001: Art.1). Wo nötig, verpflichtet sich ECOWAS zur Intervention, um „to alleviate the suffering of the populations and restore life to normalcy in the event of crisis, conflict and disaster" (ECOWAS 1999: Art.40). Konkret übernimmt ECOWAS dabei kurzfristige Aufgaben zur Wahrung von Frieden und Sicherheit, wie Konfliktfrühwarnung, Mediation, Schlichtung, präventiver Entwaffnung oder präventiver Entsendung von Truppen. Langfristige Maßnahmen umfassen strukturelle Prävention wie „initiatives [...] comprising political, institutional (governance) and developmental reforms, capacity enhancement and advocacy on the culture of peace" (ECOWAS 2008: §19). Die Mitgliedsstaaten von ECOWAS verpflichten sich zur aktiven Kooperation und der gegenseitigen Förderung mit dem Ziel eines friedlichen Zusammenlebens (ECOWAS 1975: Art.4) und zur Zusammenarbeit mit der Organisation zur Konfliktprävention und -bewältigung (Art.58). ECOWAS soll „von einer Gemeinschaft der Staaten zu einer Gemeinschaft der Menschen" werden (ECOWAS 2008: §4), weshalb sie von ihren Mitglieder die Förderung und die Festigung demokratischer Regierungsform einfordert (ECOWAS 1975: Art.4).

In der pre-elektoralen Phase soll ECOWAS täglich durch ECOWARN oder die Kooperationspartner von WANEP über die politischen Vorgänge in den Mitgliedsstaaten informiert werden (ECOWAS 1999: Art. 24). Ein besonderer Fokus liegt hierbei jedoch auf periodischen Frühwarnberichten (ECOWAS 2008: §46). Sowohl das *Office of the Special Representative* wie auch das *Council of the Wise* informieren den Präsidenten der Commission regelmäßig über drohende Krisen und politische Spannungen und unterbreiten Vorschläge zu deren Lösung (ECOWAS 2008: §49). Letzerer hat dann die Möglichkeit, eine fact-finding Mission oder auch speziell dafür berufenen Mediatoren oder Mitglieder des CoW zu entsenden, um mehr Informationen über die Situation vor Ort zu bekommen (ECOWAS 2008: §49). Das *Mediation and Security Council* (MSC) kann zusätzlich die *ECOWAS*

Standby Force aktivieren, um den Ausbruch eines Konfliktes zu verhindern (ECOWAS 2008: §49). Generell soll ECOWAS seine Mitgliedsstaaten bei der Schaffung von verlässlichen, transparent arbeitenden, unabhängigen, effizienten und demokratischen Institutionen unterstützen (ECOWAS 2008: §53) sowie die Medien bei der Ausführung ihrer demokratischen Informationsaufgabe fördern (§61).

In der Wahlphase kann der MSC eine Beobachtungsmission entsenden, die spätestens 48 Stunden vor dem Wahlgang vor Ort sein und nach spätesten 15 Tagen einen Bericht abgegeben haben muss (ECOWAS 2001: Art.15,17,31). Auf Anfrage eines Mitgliedstaates kann ECOWAS bei der Durchführung der Wahl helfen, wobei explizit festgehalten ist, dass es bei der Art der Hilfe keine Beschränkungen gibt (ECOWAS 2001: Art.12).

Wenn nötig, kann ECOWAS, zum Beispiel in der in der post-elektoralen Phase, zivile oder militärische Einheiten entsenden, um den Frieden in der Sub-Region wieder herzustellen (ECOWAS 1999: Art.3). Das *Council of Heads of State and Government* hat die volle Autorität, um frei zu entscheiden, welche Maßnahmen zur Wiederherstellung des Friedens getroffen werden sollen (ECOWAS 1999: Art.6). Das MSC hat zudem die Möglichkeit, eminente Persönlichkeiten zu berufen, um die Mediation eines Konfliktes voranzubringen (ECOWAS 2008: §49). Sollte die Demokratie „by any means" abrupt gestört oder beendet werden oder sollten massive Verstöße gegen das Menschenrecht stattfinden, hat ECOWAS außerdem die Möglichkeit, Sanktionen zu erlassen oder die Mitgliedschaft zu suspendieren, wobei der Dialog mit dem betroffenen Mitgliedsstaat weiter aufrechterhalten werden soll, um die Rückkehr zur konstitutionellen Ordnung zu unterstützen (ECOWAS 2001: Art.45).

ECOWAS verpflichtet sich zur umfassenden Zusammenarbeit mit der AU (ECOWAS 1999: Art.52) und sieht sich als zentralen Bestandteil in der internationalen Sicherheitsarchitektur (ECOWAS 2008: §117). Die UN soll über vorgenommene militärische Interventionen aber lediglich informiert werden (ECOWAS 1999: Art.52), soll dafür aber finanzielle und logistische Unterstützung im Training wie auch in den Missionen leisten und den Aktionen politische Legitimität geben (ECOWAS 2008: §119); andere internationale humanitäre Organisationen sollen bei der Erweiterung der vorhandenen Kapazitäten helfen (§90).

Zusammenfassend kann festgestellt werden, dass sich ECOWAS in ihren zentralen Dokumenten auf die von der AU bestimmten Normen und Verpflichtungen beruft, zusätzlich aber noch eigene Festlegungen getroffen hat, auch wenn diese allgemeinerer Natur sind. Während sich ECOWARN um das möglichst frühzeitige Erkennen von Störungen von Frieden und Sicherheit kümmert, kann die Kommission selbstständig Erkundigungen einleiten. Das MSC und das *Council of Heads of States and Government* haben sehr weitreichende Befugnisse, um alle notwendigen Maßnahmen zu ergreifen, um (potentiell) ausbrechende (gewaltsame) Konflikte erfolgreich zu bewältigen. Hinzu kommt, dass die unterschiedlichen Methoden, angefangen von der Erkundung der Situation, über Mediationsinitiativen, bis hin zur Entsendung einer militärischen Eingreiftruppe, in den vergangenen Jahrzehnten bereits Anwendung fanden, wodurch die Organe von ECOWAS bei Ausbruch elektoraler Gewalt auf erprobte Kommandostrukturen und Einsatzpläne zurückgreifen können. Die festgelegte Aufenthaltsdauer von Beobachtern erschwert es jedoch, die verschiedenen Positionen und die Sachlage vor der Wahl, also zum Beispiel bei der Registrierung der Wähler, sowie nach der Verkündung der Wahlergebnisse zu erfassen. Insgesamt hat ECOWAS keine einheitlichen Richtlinien zur Wahlbeobachtung und -unterstützung entwickelt (Bittiger 2005).

Aufgrund der wesentlich längeren Erfahrung von ECOWAS in den Bereichen Frieden und Sicherheit gibt es keine klare hierarchische Struktur zwischen der AU und ECOWAS. Auch die UN ist als Unterstützer und Förderer willkommen, erhält aber die primäre Rolle im internationalen Konfliktmanagementsystem, wie auch die AU innerhalb Afrikas, nicht anerkannt.

5.2.3 EAC

Die EAC verpflichtet sich, neben den von der AU erlassenen Normen und Prinzipien, in ihren eigenen Dokumenten zur Einhaltung der universell akzeptierten Prinzipien der Rechtsstaatlichkeit, Demokratie und der Einhaltung der Menschenrechte und sozialer Gerechtigkeit (EAC 1999: Art.130) sowie zur friedlichen Beilegung von Streitigkeiten (Art.6). Eine verstärkte Kooperation der Mitgliedsstaaten wird als Grundlage für die Schaffung einer sicheren und friedlichen Region gesehen (EAC 2006: Präambel).

Das *Secretariat* hat die Berechtigung, sich um sämtliche Streitigkeiten zu kümmern, die an es herangetragen werden, wodurch es in allen drei Phasen eines Wahlzyklus aktiv werden kann (EAC 1999: Art.14). Zudem befindet sich ein Konfliktfrühwarnsystem im Aufbau, dass derzeit jedoch nicht funktionsfähig ist (EAC 2006: Abschnitt 18). Für die Wahlphase gibt es keine weiteren Spezifikationen zur Sicherung von Frieden und Sicherheit. Sollten (gewaltsame) Konflikten entstehen, hat das *Summit of Heads of States and Government* die Möglichkeit, alle erforderlichen Maßnahmen einzuleiten (EAC 1999: Art.143), was die Suspendierung (Art.146) wie auch den Ausschluss eines Mitgliedsstaates (Art.147) mit einschließt.

Das Zusammenwirken von der Organisation mit der AU und UN erhält besondere Wichtigkeit im Vertragswerk (EAC 1999: Art.130).

Die Gemeinschaft ist sich der Bedeutung wie auch der Konsequenzen der bisher fehlenden Verträge und Verpflichtungen in Bezug zu Frieden und Sicherheit bewusst: „The absence of an effective mechanism for consultations and co-operation geared towards peaceful settlement of disputes in order to maintain and consolidate peace, leads to real or imagined threats to peace and security" (EAC 2006: Abschnitt 17(1)), denn „[w]ithout peace and stability, all our remarkable integration achievements will fall like a castle built on sand" (EAC 2010).
Das die Verpflichtungen der AU automatisch auch für die EAC gelten, findet in der Diskussion von seiten der EAC keine Beachtung, wodurch der Rückschluss möglich wird, dass sich die EAC nicht als integraler Bestandteil der APSA fühlt und die Sicherheit der afrikanischen Region eigenständig erreichen möchte. Die Einhaltung der demokratischen Prinzipien scheint allerdings zentral: die Aufnahmeanfragen des Sudans und des Südsudans 2011 wurden aufgrund der mangelnden Umsetzung der demokratischen Werte, der Gleichberechtigung und der religiösen Freiheit in den Antragsstaaten abgelehnt (Guyson 2011). Die Hervorhebung der Notwendigkeit von regionalen friedens- und sicherheitsgewährleistenden Mechanismen verdeutlicht den Anspruch, in absehbarer Zukunft entsprechende Bedrohungen eigenständig zu bewältigen.
Bezüglich des Managements elektoraler Konflikte ist die EAC weder institutionell noch von der juristischen Grundlageher fähig, systematisch und planmäßig einzugreifen, wodurch die Möglichkeiten der Organisation, die eigenen Ziele zu verfolgen, stark eingeschränkt sind.

5.2.4 IGAD

„Inspired by the noble purpose of promoting peace, security and stability" (IGAD 1996: Präambel), verpflichtet sich IGAD dem Erhalt von regionalem Frieden, Stabilität und Sicherheit (Art. 6a). Dafür werden bisherige Anstrengungen weitergeführt und ein Zusammenschluss mit den anderen in der Region aktiven šrO (COMESA, EAC, IOC) angestrebt (IGAD 2005: 3). Seit 2005 ist eine *Security Task Force* zuständig für die Entwicklung von Mechanismen und Richtlinien in den Bereichen Frieden und Sicherheit, wobei traditionelle Sicherheits- und Verteidigungsaspekte ebenso Beachtung finden sollen wie menschenrechtliche Thematiken (IGAD 2005: 7). Die Beauftragung der Task Force unterstreicht den Anspruch der Organisation, friedens- und sicherheitsbedrohende Entwicklungen eigenständig zu managen.

Allgemein ist in der IGAD-Region das *Programme on Conflict Prevention, Management and Resolution* aktiv, das sich jedoch speziell auf die Friedensprozesse im Sudan und in Somalia, auf die Verhinderung der Verbreitung von Kleinwaffen und dem Ausbau von CEWARN beschränkt (IGAD 2010). Letzteres ist für die zeitnahe Berichterstattung über und die Unterbreitung von Empfehlungen zur Eindämmung von Konflikten zuständig (IGAD 2002: Art.10). Zudem hat die Assembly die Berechtigung, sich um die Eindämmung politischer Krisen zu kümmern (IGAD 1996: Art.9).

Die Zusammenarbeit mit der UN wird in den Vertragstexten von IGAD nicht explizit beschrieben. Die Gemeinschaft stellt jedoch fest, dass die Entwicklung und die Umsetzung der AU APSA von den REC/RM abhängig ist (Okubo 2010: Abschnitt 5), wodurch sich bestimmte Abhängigkeitsverhältnisse ergeben.

In Bezug zu elektoraler Gewalt hat IGAD somit keine Richtlinien oder Handlungsleitlinien entwickelt, weshalb jegliches Engagement in diesem Bereich auf *ad-hoc* Beschlüssen und Initiativen beruht.

Zusammenfassend ist festzuhalten, dass die AU eine stattliche Anzahl an Dokumenten verabschiedet hat, in denen sich die Organisation und damit auch ihre Mitgliedsstaaten zu demokratischen Prinzipien und dem Einhalten der Menschenrechte verpflichten. Spezielle Richtlinien bezüglich der Organisation von Wahlen wie auch der korrekten Durchführung von Wahl(beobachter)missionen ermöglichen einen einheitlichen und geregelten Einsatz der AU-Organe in den Mitgliedsstaaten. Alle anderen REC fügen diesen noch weitere, allgemeingültige Prinzipien hinzu, welche die AU Dokumente inhaltlich aber nicht vertiefen.

Im Rahmen der APSA gibt es konkrete Berechtigungen, Hierarchien und Handlungsanweisungen, wie Wahlen in den Mitgliedsstaaten in der pre-elektoralen Phase unterstützt und in der Wahlphase zusätzlich beobachtet werden sollen, sowie wie in der post-elektoralen Phase friedenssichernd interveniert werden kann. Auch ECOWAS hat zusätzlich eigene sub-regionale, mit der Wahrung von Frieden und Sicherheit beauftragte Organe, deren Befugnisse und Handlungsmöglichkeiten in Dokumenten festgehalten sind, die auf die Zeit vor der APSA zurückgehen. Die EAC wie auch IGAD haben, wenn überhaupt, nur rudimentäre Leitlinien zu Frieden und Sicherheit entwickeln können, was sicherlich auch im Zusammenhang mit ihrer relativ kurzen Existenz als aktive srO steht. Die konkreten Anwendungsmodi zu Sanktionen hat nur ECOWAS geregelt.

Diejeweilige Position im internationalen Konfliktmanagementsystem ist, in Abhängigkeit von den bisher entwickelten Fähigkeiten zur Konfliktbewältigung, unterschiedlich ausgeprägt. Die

AU sieht sich als primär zuständig für die Wahrung von Frieden und Sicherheit auf dem afrikanischen Kontinent, was den Grundsätzen der UN Charta widerspricht. Gleichzeitig fordert die AU die UN auf, finanzielle und logistische Unterstützung bei der Umsetzung afrikanischer Lösungen für afrikanische Probleme zu gewährleisten. Daraus ist eine Ambivalenz abzuleiten, in der die realistische Entwicklung mit den eigenen Ansprüchen erst noch in Übereinstimmung gebracht werden muss. Die REC werden als fester Bestandteil der APSA und als Weisungsempfänger betrachtet, die zwar auch eigenständige Maßnahmen zur Sicherung von Frieden und Sicherheit unternehmen können, diese aber mit der AU absprechen und in Einklang bringen müssen. Während diese Position von IGAD geteilt wird und die EAC dem nicht widerspricht, fordert ECOWAS für sich eine wesentlich eingenständigere Rolle ein: Zwar betont auch ECOWAS die Zugehörigkeit zu einem internationalen Konfliktmanagementsystem, ordnet sich aber weder der UN noch der AU unter, eine Position, die die Gemeinschaft durch ihre große Erfahrung in friedensunterstützenden Operationen auch verteidigen kann. Trotz dessen fordert auch ECOWAS, insbesondere von der UN, eine aktive Unterstützung der eigenen Maßnahmen und Initiativen. Es ist festzuhalten, dass die afrikanischen srO für sich in Anspruch nehmen, eine führende Rolle im Konfliktmanagement elektoraler Gewalt einzunehmen.

Der Anspruch der UN, regionale Konflikte durch srO zu managen, wobei der UN Sicherheitsrat die dafür notwendige Legitimität gibt und die UN Organe eine koordinierende und lenkende Rolle einnehmen, kann von seiten der srO nicht aufrecht erhalten werden. Die sich daraus ergebenden Spannungen und fehlenden gemeinsamen Vorgehensweisen verzögern und behindern eine effektive Rolle im Konfliktmanagement elektoraler Konflikte. Denn die gegebenen Rahmenbedingungen und Handlungsleitlinien in den srO sind höchst unterschiedlich. Und wo sie existieren, sagen sie noch nichts über deren In-Kraft-treten oder deren Einhaltung aus. Als Beispiel ist die *African Charter on Democracy, Elections and Governance* zu nennen, die bereits 2007 verabschiedet, jedoch erst 2012 in Kraft treten konnte, nachdem in den dazwischenliegenden 5 Jahren nur 15 der 54 Mitgliedsstaaten der AU den Vertrag ratifizierten. Es liegt die Annahme nahe, dass viele der verabschiedeten Dokumente lediglich ‚Papiertiger' mit wenig praktischem Nutzen sind (EISA 2010b: 4–5).

Auch wenn zudem die Entwicklung von hochkomplexen Organen, fähig zur Eindämmung elektoraler Konflikte, von größtem Nutzen ist, so haben auch einfache diplomatische Mittel, wie Drohungen und klare Nicht-Tolerierung, schon öfter Wirkung gezeigt (Aning/Bah 2009: 5). Die Existenz solch spezifizierter Organe in srO kann daher nicht mit verbesserten Fähigkeiten gleichgesetzt werden, angemessen auf elektorale Konflikte zu reagieren. Denn entscheidend für den Umfang des Einsatzes und der Bereitschaft zur Intervention sind zudem persönliche Faktoren, wie der politische Wille und das Vertrauen der Entscheidungsträger untereinander (Aggad 2007: 58), das in der Analyse von Dokumenten und Organisationsstrukturen nicht adequat betrachtet werden kann. So betonen die afrikanischen politischen Entscheidungsträger zwar regelmäßig ihre Zusammengehörigkeit, wie der südafrikanische Präsident Mbeki: "We have not asked for anybody outside of the African continent […]. It's an African responsibility, and we can do it."; der ruandische Präsident Kagame: "the best approach is [...] to help Africans develop their capacity to deal with these problems" oder der AU Kommissar Konare: "[it is] important to build African capacities, because the responsibility is, first and foremost, our own." (alle zitiert in Williams 2008: 310–311). Aber bei der konkreten Umsetzung von Konfliktmanagement werden die Neutralität und Selbstlosigkeit der regionalen Interventionen gegenseitig oft hinterfragt (Franke 2006: 2–3) oder sie findet unter unterschiedlichen Wahrnehmungen statt, wie bei der Wahlbeobachtermissionen in Togo 2005, bei der die srO unterschiedliche Einschätzungen der Situation abgaben (Bittiger 2005).

Solange die srO unterschiedliche Methoden, Fähigkeiten und Erwartungen (sowie verschiedene politische Agenden) haben, scheint ein sich gegenseitig unterstützender, holistischer Ansatz eines gemeinsamen Managements von politischen Konflikten, inklusive elektoraler Gewalt, nicht möglich.

6. Thesen

Dieser Teil der Studie widmet sich der Aufstellung von Thesen, die in der folgenden Untersuchung an den Beispielen der elektoralen Gewalt in Kenia 2007 und Côte d'Ivoire 2010 getestet werden sollen. Die Thesen begründen sich in den vorangegangenen Ausführungen über die Ursachen und Ausprägung von elektoraler Gewalt und deren Verhältnis zu den von den srO implementierten Normen und Handlungsprinzipien, deren geschaffene Mechanismen zur erfolgreichen Bearbeitung elektoraler Konflikte in den drei Phasen des Wahlzyklus sowie deren erklärter Position im internationalen Konfliktmanagementsystem.

AU (Kenia und Côte d'Ivoire)

1a) Wird bei elektoralen Konflikten in Afrika entschlossen intervenieren, da sie einen umfassenden Normenkatalog über die Durchführung von Wahlen erlassen hat und die Einhaltung dieser Normen von jedem Mitgliedsstaat einfordert.

1b) Die Unterstützung in der pre-elektoralen Phase wird nur minimal sein, wenn ein Ausbruch elektoraler Gewalt nicht zu erwarten ist, da keine konkreten allgemeinen Maßnahmen verabschiedet wurden.

1c) Die Wahlphase wird die AU in den Mitgliedsstaaten über eine Wahlbeobachtermission überwachen, die sich aber nur kurze Zeit im entsprechenden Staat aufhalten wird.

1d) Bei dem Ausbruch gewaltsamer Konflikte in der post-elektoralen Phase wird die AU vielfältig reagieren: mittels Mediationsversuchen durch das PoW, durch politische Sanktionen oder im Extremfall durch die Aktivierung der ASF, aber kurzfristig orientiert bleiben.

1e) Die Zusammenarbeit mit anderen afrikanischen srO erfolgt nur eingeschränkt, da es keine konkreten Regeln der Zusammenarbeit gibt und die AU das Konfliktmanangement in Afrika als vorrangig eigene Aufgabe ansieht.

ECOWAS (Côte d'Ivoire)

2a) Wird bei elektoralen Konflikten in der eigenen Region entschlossen intervenieren, da durch die langjährige Erfahrung die Umsetzung notwendiger Maßnahmen bekannt und erprobt ist und festen Normen folgt.

2b) Eine Unterstützung in der pre-elektoralen Phase wird nicht vorhanden sein, da die festgelegten Regelwerke sich vor allem auf die Eindämmung (potentieller) eskalierter

Konflikte konzentrieren, wohingegen die Bestimmungen und Organe zur Prävention von Gewalt kaum weiteren Ausbau erfahren haben.

2c) Die Wahlphase wird ECOWAS in den Mitgliedsstaaten über eine Wahlbeobachtermission überwachen, die sich aber nur kurze Zeit im entsprechenden Staat aufhalten wird. Zusätzlich besteht die Möglichkeit der Einbindung und aktiven Unterstützung der Zivilgesellschaft, mit der ECOWAS ein konkretes Kooperationsforum geschaffen hat.

2d) Bei dem Ausbruch gewaltsamer Konflikte in der post-elektoralen Phase wird ECOWAS vielfältig und entschlossen reagieren: mittels Mediationsversuchen durch das CoW, durch politische Sanktionen oder im Extremfall durch die Aktivierung der ESF, aber kurzfristig orientiert bleiben.

2e) Die Zusammenarbeit mit anderen afrikanischen srO erfolgt nur eingeschränkt, da ECOWAS die Mittel und das Vertrauen hat, Konflikte in der Region eigenständig zu lösen.

EAC (Kenia)

3a) Hat nur sehr allgemein gültige Normen und Handlungsprinzipien im Bereich Frieden und Sicherheit entwickelt, nimmt diese jedoch ernst, so dass eine irgendeine Intervention bei Verstößen in der Region zu erwarten ist. Allgemeine Normen in Bezug auf Wahlen gibt es nicht, die Mitgliedsstaaten gelten alle als stabil und (relativ) demokratisch.

3b) Eine Unterstützung in der pre-elektoralen Phase wird nicht vorhanden sein, da es keine zuständigen Organe oder Handlungsanweisungen gibt.

3c) Die Wahlphase wird EAC maximal mit der Entsendung einer Wahlbeobachtermission unterstützen, wobei die Fähigkeiten hierzu nur eingeschränkt vorhanden sind und eine entsprechende Entsendung nicht wahrscheinlich ist.

3d) Bei dem Ausbruch gewaltsamer Konflikte in der post-elektoralen Phase ist die EAC auf die Bildung notwendiger *ad-hoc* Mechanismen angewiesen, da die Gemeinschaft jedoch keine Erfahrung im Konfliktmanagement hat, ist ein zentraler friedensfördernder Einfluss im Konfliktmanagement elektoraler Konflikte sehr unwahrscheinlich.

3e) Die Zusammenarbeit mit anderen afrikanischen srO erfolgt eingeschränkt, da die Zusammenarbeit nur in wirtschaftlichen Aspekten erprobt ist. Eine Zusammenarbeit mit dem Ziel der Bündelung der Konfliktmanagementfähigkeiten ist angesichts fehlender spezifischer Organe unwahrscheinlich.

IGAD (Kenia)

4a) Interveniert bei Konflikten in der eigenen Region entschlossen und beruft sich auf die Einhaltung entsprechender <u>Normen</u>. Jedoch sind elektorale Konflikte bisher ein unwesentlicher Teil der am Horn von Afrika ausgetragenen Konflikte, weshalb für das Thema elektorale Konflikte keine Normen und Handlungsprinzipien existieren.

4b) Eine Unterstützung in der <u>pre-elektoralen Phase</u> wird nicht vorhanden sein, da es keinerlei diesbezügliche Organe oder Mandate gibt. Zudem werden wohl auch, wenn überhaupt, nur minimale Vorfälle elektoraler Konflikte erwartet.

4c) Während der <u>Wahlphase</u> wird IGAD, ähnlich wie die EAC, maximal mit einer Beobachtermission vertreten sein, die aus Mangel an Erfahrung und Umsetzungsmechanismen in Kooperation mit anderen srO erfolgen kann.

4d) Bei dem Ausbruch gewaltsamer Konflikte in der <u>post-elektoralen Phase</u> wird IGAD auf *ad-hoc* Mechanismen zurückgreifen müssen, so dass, ebenfalls wie die EAC, eine zentrale Rolle im Konfliktmanagement (unvorhergesehener) elektoraler Konflikte höchst unwahrscheinlich ist.

4e) Die <u>Zusammenarbeit</u> mit anderen afrikanischen srO erfolgt nur insofern, als dass für die Durchführung der Mindestinterventionen die Bündelung von Kapazitäten notwendig ist, wie bei der Entsendung von Beobachtermissionen. Weiterführende Konfliktmanagementinitiativen werden wohl eigenständig umgesetzt.

7. Die Präsidentschaftswahlen in Côte d'Ivoire 2010

Der Staat Côte d'Ivoire liegt an der Westküste Afrikas und grenzt im Westen an Liberia und Guinea, im Norden an Mali und Burkina Faso, im Osten an Ghana und im Süden an den Golf von Guinea. Der Staat ist mit 322.500 qkm etwa 10% kleiner als die Bundesrepublik Deutschland, hat mit circa 19 Millionen Einwohnern aber auch nur 23% der Bevölkerung.

Einer der zentralen Konflikte Côte d'Ivoires, nicht nur bei der Vorbereitung der Wahlen in 2010, ist die Anerkennung der Staatsangehörigkeit der unterschiedlichen Bevölkerungsgruppen und damit die Anzahl der wahlberechtigten Bürger. Dieser Konflikt hat historische Ursachen: Während der Kolonialzeit bis 1960 waren Côte d'Ivoire und die nördlich angrenzenden Gebiete Teil Französisch-Westafrikas. Um einen möglichst effektiven Einsatz der lokalen Bevölkerung und eine effektive Nutzung des Bodens zu gewährleisten, schuf Frankreich zahlreiche Plantagen für Kaffee, Kakao und Bananen und siedelte die Plantagenarbeiter aus dem gesamten Kolonialgebiet nach Bedarf um. So kamen viele Arbeiter aus dem heutigen Mali und Burkina Faso in das heutige Gebiet Côte d'Ivoires, weshalb die Bevölkerung letzterer zu mindestens 35% aus Dioula besteht, den Nachkommen der Arbeiter aus dem Norden (Manby 2009: 82). Auch mit der Unabhängigkeit lockte der hohe Arbeitsbedarf auf den Plantagen und das hohe Wirtschaftswachstum weiterhin Arbeiter aus den umliegenden Staaten nach Côte d'Ivoire. In den 1980er Jahren, einhergehend mit einer Rezession der Weltwirtschaft und stark sinkenden Preisen für die Exportprodukte des Landes, nahm die Arbeitslosigkeit zu. Präsident Bédié führte, als Reaktion auf die wachsende Unzufriedenheit in der Bevölkerung, das Konzept der *Ivoirité* ein, nach welchem nur noch diejenigen aktiv und passiv an Wahlen teilnehmen können, die zwei ivorische Eltern haben. Damit wurde ein signifikanter Teil der Bevölkerung von den politischen Prozessen im Land ausgeschlossen. Ein Großteil der Bevölkerung, vor allem im Norden des Staates, war betroffen. 1999 kam es dann zum bisher einzigen Coup d'ètat der Staatsgeschichte durch Armeeangehörige aus dem Norden. Ein Jahr später wurde Laurent Gbagbo, Kandidat der südlichen Landeshälfte, in einer von der Opposition boykottierten Wahl zum Präsidenten gewählt. Alassane Ouattara, der Kandidat der nördlichen Hälfte, wurde von den Wahlen ausgeschlossen, weil eines seiner Elternteile aus Burkina Faso stammt.

Daraufhin kam es erneut zu Protesten, die schließlich eskalierten. Im Jahr 2002 brach dadurch ein Bürgerkrieg zwischen den politisch ausgeschlossenen Bevölkerungsteilen des Nordens und der Regierung Gbagbos, vorrangig unterstützt von den Bevölkerungsteilen aus dem Süden des Staates, aus, der durch Bemühungen von ECOWAS und Frankreich im Jahr 2007 diplomatisch beendet werden konnte. Mehrere Friedensverträge wurden geschlossen, aber die eigentlich für 2005 angekündigten Neuwahlen verschoben sich mehrfach, wodurch die im Oktober 2010 abgehaltenen Wahlen die ersten nach fast einem Jahrzehnt waren. Allerdings war die Demobilisierung der Rebellenarmeen aus dem Norden zu diesem Zeitpunkt nicht sehr weit fortgeschritten, Misstrauen prägte noch immer die politischen und sozialen Interaktionen zwischen dem Norden und dem Süden. Seit 2004 überwachte die UN deswegen mit der Mission *UNOCI* die Umsetzung der Friedensverträge in Côte d'Ivoire und unterstützte auch die Vorbereitungen zur Wahl. Ein Ausbruch von Gewalt im Zuge der Wahlen war in die Planung der internationalen und regionalen Akteure einbezogen: Anlässlich der Wahl wurde das UN Truppenkontingent auf 9150 Mann aufgestockt, die UN Mission in Liberia entsandte zusätzlich Soldaten und Helikopter (UN 2010). Zudem hatte Frankreich, nach eigener Aussage zum Schutz französischer Bürger und zur Unterstützung von UNOCI, seit 2002 eigene Soldaten in Côte d'Ivoire stationiert.

7.1 Ablauf der Präsidentschaftswahlen 2010

Aufgrund der nur unzureichenden Umsetzung der in den Friedensverträgen festgelegten Verpflichtungen, zum Beispiel die Demilitarisierung und Demobilisierung der Rebellen oder die Einführung eines Premierministeramtes betreffend, galt die durch den Bürgerkrieg entstandene faktische Teilung des Staates in eine Nord- und eine Südhälfte zum Zeitpunkt der Wahlvorbereitungen noch immer (Piccolino 2010). Wichtige strukturelle Veränderungen zur Integration der nördlichen Bevölkerung in die politischen Entscheidungsprozesse waren nicht umgesetzt worden (Mutisi 2010: 4). Die Aktualisierung der Wählerverzeichnisse, hauptsächlich die Aufnahme von zuvor als nicht dem Konzept der *Ivoirité* entsprechenden Bevölkerungsgruppen, war eine politisch wie zeitlich große Herausforderung in der pre-elektoralen Phase (Dubbelman 2009).

Der erste Wahlgang, durchgeführt am 27. Oktober 2010, konnte ohne größere Zwischenfälle abgehalten werden (ECOWAS 2009), allerdings konnte kein Präsidentschaftskandidat die notwendige absolute Mehrheit erreichen, weshalb am 28. November 2010 eine Stichwahl abgehalten wurde. Die beiden Kandidaten waren der Kandidat aus dem Norden, Ouattara, der für die *Rassemblement des Républicains* antrat und auf die (militärische) Unterstützung der Rebellen zählen konnte sowie Gbagbo, der Kandidat aus dem Süden, der damalige Präsident, der für die *Front Populaire Ivoirien* antrat. Zur Verhinderung von post-elektoraler Gewalt verhängte Gbagbo eine Ausgangssperre für die Nacht direkt nach der Wahl (Stearns 2010). Auch das zivilgesellschaftliche Netzwerk WANEP warnte vor dem hohen Risiko gewaltsamer Ausschreitungen (WANEP 2011: 31).

Innerhalb der gesetzlich vorgesehenen Frist wollte die Wahlkommission vor versammelten Medien die ersten vorläufigen Ergebnisse bekanntgeben, wurde jedoch daran gehindert, indem ein Anhänger Gbagbos die Notizzettel mit den Ergebnissen zerriss, woraufhin die Journalisten der Kommissionszentrale verwiesen wurden (Dieterich 2010). Daraufhin verdächtigten Anhänger Outtaras Gbagbo eines Putschversuches, Soldaten patrouillierten in Abidjan (Dieterich 2010). Am 1. Dezember 2010, kurz nach Ablauf der gesetzlichen Frist, erklärte der Vorsitzende der Wahlkommission Ouattara mit 54% der Stimmen zum Sieger. Dies tat er im *Hotel du Golf*, das von UNOCI-Soldaten bewacht wurde und im Einflussgebiet Ouattaraslag. Gbagbo zweifelte das Ergebnis an und am 4. Dezember erklärte der Verfassungsrat, der die Wahlergebnisse laut Verfassung bestätigen musste, das zuvor verkündete Ergebnis für nichtig, weil die gesetzliche Frist nicht eingehalten wurde (Nibishaka 2011: 1). Zudem wurden die Ergebnisse aus einigen Distrikten im Norden des Staates aufgrund Wahlbetruges für ungültig und damit Gbagbo mit 51% der Gesamtstimmen zum Sieger erklärt (Dixon 2010). Beide Kandidaten konnten sich somit auf eine offizielle Bestätigung ihres Sieges berufen und erklärten sich zum Sieger, ließen sich vereidigen und beauftragten Gefolgsleute mit der Bildung einer Regierung. Côte d'Ivoire hatte damit zwei Präsidenten.

Der *Special Representative of the UN Secretary-General* erklärte, ebenso wie ECOWAS und die AU, dass Ouattara der Gewinner der Wahl wäre (Zounmenou 2011a: 51). Die UN, als überwachende Organisation des Ouagadougou Friedensvertrages von 2007, musste laut der Friedensverträge, ebenso wie der Verfassungsrat, das offizielle Endergebnis bestätigen und erklärte nur einen Tag nachdem Verfassungsratesund konträr zu diesem Ouattara zum Sieger der Wahl. Durch die sofortige Parteinahme für Ouattara wurde Gbagbo daher international isoliert. Als Reaktion auf die unterschiedlichen Wahlergebnisse orderten die Rebellen ihre im Süden stationierten Soldaten wieder zurück in den Norden, während die Regierungsarmee ihre im Norden stationierten Truppen in den Süden holte (Johnson 2010): die Frontlinie des Bürgerkrieges war wieder hergestellt. Da auf diplomatischem Wege keine Einigung ersichtlich schien, brachen teils heftige Kämpfe sowohl zwischen den zivilen Anhängern wie auch zwischen den Armeen der jeweiligen Kandidaten aus (Reuters 2010). Der ivorische UN-Botschafter in New York sprach sogar von einem bevorstehenden Völkermord (DTS 2010). Unterstützt von den Soldaten der UNOCI und mit aktiver Hilfe durch die französischen Soldaten konnte die Rebellenarmee Gbagbo schließlich am 11. April 2011 festnehmen. Am 21. Mai 2011, nach einem halben Jahr Bürgerkrieg und knapp 3.000 Toten, ließ sich Ouattara offiziell als Staatspräsident vereidigen (Tagesschau 2011).

7.2 Interventionen von (Sub-)Regionalorganisationen[14]

Die Erfahrungen haben gezeigt, dass elektorale Gewalt, in all ihren Ausprägungen, nicht alleinig am eigentlichen Wahltag stattfindet, sondern, ebenso wie der Wahlzyklus, ein andauernder Prozess ist, der Gegenmaßnahmen vor, während und auch nach einer Wahl erfordert (Zounmenou 2011b: 10).

Die in dieser Studie untersuchten afrikanischen SrO haben, trotz dieser Einsicht, keine expliziten pre-elektoralen Maßnahmen ergriffen, um eine transparente, faire und friedliche Wahl in Côte d'Ivoire zu ermöglichen. Während die UN im Rahmen der Absicherung der Friedensbemühungen nach dem Bürgerkrieg langfristige Anstrengungen, zum Beispiel durch die Erfassung von Wählern und der Erstellung eines Wahlverzeichnisses, sowie durch die Informationsverbreitung zu den Wahlen via Radio, unternahm (UN 2010a), waren die AU und ECOWAS erst ab kurz vor dem eigentlichen Urnengang in Form von Wahlbeobachtungsmissionen in Côte d'Ivoire aktiv. Vor der ersten Wahlrunde hatte der PSC der AU alle Beteiligten an den Wahlen zu einem friedlichen und fairen Prozess aufgefordert und den Willen bestätigt, die Vorkommnisse im Zuge der Wahlen genau zu verfolgen (AU 2010b). Vor der Stichwahl am 28. November 2010 forderte die AU erneut alle Beteiligten zur friedlichen Durchführung der Wahlen auf (AU 2010c). Während der Wahlphase waren zahlreiche internationale Beobachtermissionen in Côte d'Ivoire. Dabei wurden vielfältige technische Manipulationen des Wahlvorganges wie auch andere Formen elektoraler Gewalt festgestellt (AU 2010d). Die Wahlen und die Ergebnisverkündung zogen, aufgrund des internationalen Engagements während des Bürgerkrieges, internationale Aufmerksam auf sich (vgl. EU 2010, UN 2010b, US Departement of State 2010). Die Annullierung des Wahlergebnisses durch den Verfassungsrat und die daraus resultierenden zwei Sieger waren zum einen der Beginn von gewaltsamen Ausschreitungen bis hin zu bürgerkriegsähnlichen militärischen Gefechten und zum anderen der Beginn einer großen Anzahl regionaler und internationaler Mediationsversuche. Die Schwierigkeiten begannen, als immer offensichtlicher wurde, dass die unterschiedlichen Akteure in den Friedensbemühungen auch unterschiedliche (politische) Agenden verfolgten und den Konflikt aus verschiedenen Motiven heraus beigelegt haben wollten (Zounmenou 2011b: 7–8). Bereits mit der Absehbarkeit eines Konfliktes und dem Wiederaufleben der Fronten des Bürgerkrieges am 2. Dezember 2010 bemühte sich ECOWAS um Kontakt zu den Konfliktparteien sowie zu den

---

[14] Für eine Auflistung der wichtigsten Interventionen siehe Anhang 9: Zeittafel der Interventionen in Côte d'Ivoire. Neben den im Kapitel 7 angeführten Quellen basiert die Zusammenstellung auf Artikeln vor allem folgender Informationsdienste: allAfrica (www.allafrica.com), BBC (www.bbc.com), Voice of America (www.voanews.com), AfricaFiles (www.africafiles.com), France24 (www.france24.com), UN News Centre (www.un.org/news), African Press Organization (www.apo-opa.org).

Wahlbehörden (ECOWAS 2010b). Beide srO, die AU wie auch ECOWAS, erkannten Alassane Ouattara als einzigen Sieger der Wahl an (Zounmenou 2011b: 12). Mit dem Ausbruch der Gewalt reagierte ECOWAS entschieden und suspendierte am 7. Dezember die Mitgliedschaft Côte d'Ivoires. Die AU hatte bereits Thabo Mbeki, ehemaliger Präsident von Südafrika, als Mediator nach Côte d'Ivoire entsandt und suspendierte am 9. Dezember ebenfalls die Mitgliedschaft des Staates. Unternahmen die AU und ECOWAS bis Anfang Januar 2011 noch gemeinsame Versuche, die Situation in Côte d'Ivoire zu de-eskalieren, verschlechterte sich das Verhältnis der beiden Organisation zueinander zunehmend. Die AU bestand auf die Entsendung eigener Mediationsteams und versagte ECOWAS deshalb die Unterstützung (Hlongwane 2011), während ECOWAS die allgemeine Herangehensweise der AU und sowie deren Nichtbeachtung der Initiativen ECOWAS' stark kritisierte (Newstime Africa 2011). Relativ früh, bereits an Weihnachten 2010, erhöhte ECOWAS den Druck, indem sie die Bereitschaft zu einer militärischen Intervention erklärten (France24 2010). Nur wenige Tage später begann die Organisation einen erneuten Mediationsversuch durch die Staatsoberhäupter Boni (Benin), Koroma (Sierra Leone) und Pires (Kap Verde), der aber ergebnislos verlief. Die AU ernannte unterdessen Raila Odinga, Premierminister von Kenia, zum Chef-Mediator der eigenen Bemühungen. Dieser traf sich auch mit dem ECOWAS-Vorsitzenden Jonathan Goodluck, Präsident von Nigeria. Odingas Vorstoß wurde jedoch von Gbagbo abgelehnt. Daraufhin berief die AU ein *High Level Panel of Experts* ein, das sich durch eine fact-finding Mission mit der Situation in Côte d'Ivoire vertraut machen sollte und ernannte anschließend ein *Panel of the Five*, bestehend aus den Staats- und Regierungschefs der Staaten Burkina Faso, Tschad, Mauritanien, Südafrika und Tansania. Gbagbo erklärte prinzipiell seine Bereitschaft zu Gesprächen mit diesem Panel, solange dieses seinen Sieg bei den Wahlen nicht anzweifelte. Die AU hatte daraufhin zunächst Schwierigkeiten eine gemeinsame Position zu finden, weil Angola und Südafrika erst am 10. März 2011, also erheblich später, erklärten, dass auch sie Ouattara als einzig rechtmäßigen Präsidenten anerkennen und die von Gbagbo ernannten Botschafter und Gesandten nicht treffen würden (Jeune Afrique 2011). ECOWAS unterdessen ließ den Drohungen einer militärischen Intervention zunächst entsprechende Planungstreffen folgen. Schließlich erklärte Ghana aber, dass eine militärische Lösung nicht sinnvoll sei und distanzierte sich von ECOWAS (allWestAfrica 2011). ECOWAS nahm daraufhin Mitte Januar von der Option einer militärischen Intervention Abstand und hob ab Februar die Notwendigkeit eines gemeinsamen Vorgehens mit der UN hervor. Ende März bat ECOWAS die UN um eine Resolution zum militärischen Eingreifen im Rahmen der UNOCI (Agba/Odoh 2011). Auch die AU konnte sich zu keinen eigenen weiterführenden Maßnahmen entschließen, betonte mehrfach die Anerkennung Ouattaras und appellierte über ihren Vorsitzenden Jean Ping noch am 1. März an Gbagbo, die Macht unverzüglich abzugeben.

Im verbleibenden Abschnitt dieses Kapitels werden nun die zuvor in Thesen formulierte Interventionsbereitschaft und die Fähigkeiten der untersuchten šrO mit den wirklich umgesetzten Handlungen anlässlich des Managements des Konfliktes im Rahmen der Präsidentschaftswahl von 2010 in Côte d'Ivoire abgeglichen.

Die **AU** hat sich durch den PSC bereits in der pre-elektoralen Phase mit den Wahlen in Côte d'Ivoire beschäftigt, die Einhaltung existierender Normen eingefordert und, nach der Eskalation der Gewalt, schon am 5. Dezember 2010 Mbeki als Mediator entsandt. Als dieser nicht erfolgreich war, initiierte die Organisation neue Maßnahmen zum Konfliktmanagement. *These 1a*, nach welcher sich die AU entschlossen für die Einhaltung der selbstverpflichtenden Normen einsetzt, kann demnach bestätigt werden.

Während der pre-elektoralen Phase hat sich der PSC der AU zwar mit den Wahlen in Côte d'Ivoire beschäftigt, dem Mitgliedsstaat aber keine weiterführende technische oder inhaltliche Unterstützung geboten. Und dies, obwohl die Möglichkeit einer Gewalteskalation bekannt war und auch zivilgesellschaftliche Gruppen davor warnten. *These 1b* kann daher ebenfalls bestätigt werden.

Wie in *These 1c* erwartet, beschränkten sich die Maßnahmen der AU während der Wahlphase auf eine Wahlbeobachtungsmission, die jeweils kurz vor dem Urnengang bis zur Verkündung der Ergebnisse im Land blieb. Darüber hinausgehende Unterstützung in Form von militärischer Absicherung der Wahllokale oder der Entsendung von zusätzlichem zivilen Personal blieb aus.

Die in *These 1d* unterstellte Vielfältigkeit an Reaktionen auf post-elektorale Gewalt hat die AU nicht vorweisen können. Ihr Konfliktmanagement blieb auf die Entsendung von afrikanischen Persönlichkeiten als Mediatoren sowie auf die Schaffung von beratenden Panels beschränkt, die allesamt keine entscheidenden Erfolge vorweisen konnten. Die Suspendierung der Mitgliedschaft Côte d'Ivoires war zu begrüßen, ist jedoch ein von der AU relativ oft angewendetes Mittel und sollte als die Erfüllung minimaler Erwartung gelten. Das PSC hat eigenständig reagiert und ein eigenes Panel mit dem Finden möglicher Lösungswege aus der Krise beauftragt, jedoch kamen die institutionell vorhandenen Möglichkeiten im Rahmen der APSA, wie das PoW oder die Aktivierung der ASF, nicht zur Anwendung. Auch wurden keine wirtschaftlichen, finanziellen oder politischen Sanktionen beschlossen, was wohl auf die fehlende Einigung auf eine gemeinsame Position der Mitgliedsstaaten zurückzuführen ist. Eine Zusammenarbeit mit anderen ^{s}rO, in diesem Falle ECOWAS, wird in der *These 1e* nur eingeschränkt erwartet, was auch entsprechend geschah. Das Beharren der AU auf eigene Konfliktmanagementinitiativen und die damit einhergehende Nichtbeachtung der von ECOWAS begonnenen, noch auf die Friedensverhandlungen des Bürgerkrieges zurückgehenden Bemühungen, war ein wichtiger Grund für die Ineffizienz des Konfliktmanagements der elektoralen Gewalt in Côte d'Ivoire. Die einzige unternommene gemeinsame Mission mit ECOWAS war nur von kurzer Dauer und konnte lediglich die weiterhin bestehende Bereitschaft der Konfliktparteien zu Gesprächen bestätigen. Zwischen der AU und anderen internationalen Organisationen kam es, vor allem mit der UN, zu einem unregelmäßigen Informationsaustausch, der jedoch in keinen gemeinsamen Aktionen mündete.

ECOWAS war seit 2002 aktiv an den Aushandlungen zum Beenden des Bürgerkrieges in Côte d'Ivoire beteiligt und stellte, gemeinsam mit französischen Soldaten, vor der Übernahme durch die UN die Militärpräsenz, welche die Einhaltung der Abmachungen zwischen den Konfliktparteien überwachte. Seitdem waren einige ECOWAS Mitgliedsstaaten an der UNOCI beteiligt. Generell hat sich die Organisation, deren Mitglied Côte d'Ivoire ist, aktiv in das Konfliktmanagement der elektoralen Gewalt im Zusammenhang mit den Präsidentschaftswahlen 2010 eingebracht. *These 2a* kann somit bestätigt werden.

In der pre-elektoralen Phase hat ECOWAS, wie in *These 2b* erwartet, keine organisatorische oder technische Unterstützung geleistet. Lediglich die Wahlbeobachtermission traf kurz vor dem Wahlgang ein. WANEP, eng verbunden mit ECOWARN, veröffentlichte regelmäßig Berichte über das Gewaltpotential der Wahlen, die jedoch zu keiner Reaktion von Seiten ECOWAS führten.

Während der Wahlphase war ECOWAS mit einer Wahlbeobachtermission im Land präsent. Noch vor der Verkündung des Wahlergebnisses durch den Verfassungsrat am 4. Dezember suchte ECOWAS die Gespräche mit den zentralen Stakeholdern der Wahl, um einer Eskalation der Spannungen zuvor zu kommen. Dadurch hat die Organisation die in *These 2c* geäußerten Erwartungen teilweise übertroffen, auch wenn ein entschiedenes präventives Konfliktmanagement nicht beobachtet werden konnte.

Wie auch bei der AU hat ECOWAS auf die Eskalation der Gewalt und den erneuten Ausbruch des Bürgerkrieges nur sehr einseitig reagiert. Die Suspendierung der Mitgliedschaft Côte d'Ivoires geschah schnell und entschlossen und auch die Androhung einer militärischen

Intervention, um die Armeen der Konfliktparteien zu trennen und dadurch eine Lösung zu erzwingen, ist begrüßenswert. Wegen eines fehlenden gemeinsamen Standpunktes der Mitgliedsstaaten war es jedoch nicht möglich, diese Drohung auch nur potentiell umzusetzen, weshalb diese nur drei Wochen später wieder zurück genommen wurde. Letztendlich nahm ECOWAS an, die Situation nicht mehr handhaben zu können und forderten die UN zu militärischem Eingreifen auf. Zwar konnte die *These 2d* durch das entschlossene Handeln von ECOWAS bestätigt werden, allerdings muss dabei die Einschränkung gemacht werden, dass die institutionellen Möglichkeiten, wie das CoW oder die ESF, nicht ausgereizt wurden, wodurch eigenständige Konfliktmanagementpotentiale ungenutzt blieben.

Die Zusammenarbeit mit anderen srO, in diesem Fall der AU, wurde anfangs angestrebt, jedoch relativ schnell eingestellt. Zwar wurde eine Begrenzung der Kooperation in *These 2e* erwartet, die offen ausgetragenen Spannungen zwischen den beiden Organisationen jedoch nicht vermutet. Die jahrzehntelange Praxiserfahrung im Konfliktmanagement von ECOWAS ließ erahnen, dass eine freiwillige Unterordnung unter die AU nicht stattfinden würde. Der komplette Verzicht auf Kooperation hat allerdings dazu geführt, dass eine effektive Nutzung der vorhandenen afrikanischen Ressourcen durch die Bündelung der Mediations- und Konfliktschlichtungserfahrungen beider Organisationen und die daraus resultierenden Umsetzungen potentiell wirkungsvoller Konfliktmanagementinitiativen verhindert wurde. Eine aktive Zusammenarbeit mit der UN wurde nicht angestrebt, wodurch die kurzfristige Lösung des Konfliktes durch die Festnahme Gbagbos komplett ohne die Beteiligung der AU oder ECOWAS statt fand.

Um die Bedeutung der Konfliktinterventionen von srO für den gesamten Konfliktmanagementprozess beurteilen zu können, werden nun die Initiativen anderer Akteure kurz umrissen. Neben der Au und ECOWAS waren vor allem die UN und Frankreich am Konfliktmanagement in Côte d'Ivoire beteiligt. Die UN war durch die Friedensmission UNOCI bereits seit Jahren im Land, half bei den Vorbereitungen der Wahl und war an einer schnellstmöglichen und friedlichen Beilegung der Gewalt zur Wahrung des regionalen Friedens interessiert. Durch der ihr im Friedensvertrag von Ouagadougou 2007 zugedachten Aufgabe, das Wahlergebnis zu bestätigen, hatte die UN bereits am Anfang des Konfliktes eine zentrale Rolle einzunehmen. Zwar betonte die UN die Bedeutung der AU im Konfliktmanagement der Krise (UN News Centre 2010), veranlasste trotzdem aber eigene Maßnahmen. So begann bereits am 13. Dezember 2010 eine Untersuchungsmission zur Vorbereitung von Sanktionen, die im März implementiert wurden. Zwischen Dezember und

März wurde die UNOCI zusätzlich um 2.000 UN-Soldaten aufgestockt und auch die von der UNMIL zur Absicherung der Wahl entsandten Kontingente verblieben zunächst im Land. Der militärische Arm von UNOCI sicherte die Unterkunft des von der internationalen Gemeinschaft anerkannten Präsidenten Ouattara und eröffnete zudem die entscheidende Offensive Anfang März, durch die Gbagbo festgenommen werden konnte (Smith 2011). Zentrale Unterstützung erhielt die UN bei dieser Offensive durch französische Soldaten, die durch moderne Waffen, gepanzerte Fahrzeuge und Luftunterstützung den militärischen Widerstand der Gbagbo-Anhänger brechen konnten (Lynch/Branigin 2011).

Weiteren Druck auf die Konfliktparteien übte der Internationale Strafgerichtshof aus, indem er bereits am 2. Dezember erklärte, er würde die Situation beobachten und etwaige Gewalttaten protokollieren (John 2011). Diese Drohung wurde weiter spezifiziert mit der Ankündigung im März, dass insbesondere Informationen bezüglich Verbrechen gegen die Menschlichkeit gesammelt würden.

Weitere in das Konfliktgeschehen intervenierende Akteure waren die EU, die schon im Dezember als erster Akteur gezielte Sanktionen gegen Gbagbo und seine Gefolgsleute verhängte, die Zentralbank der Westafrikanischen Staaten (BCEAO), die sich vom Landesdirektor der Ivorischen Filiale trennte, nachdem er, trotz Verbot, weiterhin Gelder an Gbagbo auszahlte (BBC 2011b) sowie die *Global Elders*, eine zivilgesellschaftliche Organisation, die mittels Kofi Annan, Desmond Tutu und Mary Robinson eine eigene Konfliktmanagementinitiative startete.

Ein zügiges und zielgerichtetes Konfliktmanagement wurde durch die fehlende Zusammenarbeit der beteiligten Akteure sowie durch das starre Beharren der Konfliktparteien auf ihre eigenen Positionen verhindert, sodass schlussendlich nur eine militärische Intervention, getragen von der UN und dem ehemaligen Kolonialherren Frankreich, den ausgebrochenen Konflikt beenden konnte (Mutisi 2010: 2).

8. Die Präsidentschaftswahlen in Kenia 2007

Der Staat Kenia liegt in Ost-Afrika und grenzt an Äthiopien im Norden, Somalia und den Indischen Ozean im Osten, Tansania im Süden und Uganda und Südsudan im Westen.Mit einer Größe von rund 580.000 qkm ist Kenia etwa 1,6 mal so groß wie die Bundesrepublik Deutschland, hat aber mit rund 38 Mio. weniger als die Hälfte an Einwohnern.

Die Bevölkerung des Landes besteht mindestens 40 Ethnien, von denen die Kukuyu (22%), Luhya (14%), Luo (13%), Kalenjin (12%), und die Kamba (11%) die größten darstellen. Kenia besitzt mit Mombasa den größten Hafen Ost-Afrikas und ist daher wirtschaftlich von großer Bedeutung für die Staaten ohne Meerzugang wie Uganda, Ruanda, Südsudan und Burundi. Zeitgleich ist Kenia auch ein Stützpunkt des US-amerikanischem Militärs.

Insbesondere Landfragen führen in Kenia regelmäßig zu großen rechtlichen Unsicherheiten und ethnischen Spannungen, einige Gruppen der Bevölkerung sichern ihre Landrechte schon seit den 1960er und 1970er Jahren vor allem durch Gewalt. Bereits unter Kenyatta, dem ersten Präsidenten Kenias nach der Unabhängigkeit, haben zum Beispiel vor allem Kalenjins, die Ethnie Kenyettas, Vorteile genossen, später waren es die Kikuyu unter Moi. Diese Spannungen wurden in den folgenden Jahrzehnten nicht abgebaut, sondern in den Wahlkämpfen aktiv genutzt, um die politische und soziale Marginalisierung von Bevölkerungsteilen in Wählerstimmen zu verwandeln. Hinzu kommt, dass Politik in Kenia generell als „largely driven by tribe, personalities, male domination and money" (Sisk/Spies 2009: 69) gilt, was, insbesondere in Zeiten von Wahlen, das Gewaltpotential signifikant erhöht.

8.1 Ablauf der Präsidentschaftswahlen 2007

Bereits vor dem Wahlgang, der am 27. Dezember 2007 stattfand, gab es Berichte über pre-elektorale Gewalt, verbal und materiell unterstützt und gefördert von lokalen Politikern (BBC 2007), mit mindestens 16 Toten und mehreren tausend Vertriebenen (KepW 2007). Umfragen belegten schon vor den Wahlen, dass das Abstimmungsergebnis zwischen den beiden Favoriten, dem Präsidenten Mwai Kibaki von der *Party of National Unity* (PNU) und dem Herausforderer Raila Odinga vom *Orange Democratic Movement* (ODM), sehr knapp ausfallen würde (Rheault/Tortora2007). Das Abstimmungsverhalten orientierte sich klar entlang ethnischer Linien (Dercon 2008: 2), wobei jeder der Kandidaten auf rund ein Drittel der Bevölkerung als Unterstützer zählen konnte. Während Anhänger der PNU sich in Interviews vor gegen sie gerichtete Gewalttaten fürchteten, rechneten Anhänger der ODM mit

Wahlbetrug und Einschüchterung (Dercon 2008: 1–2) . Mehr als die Hälfte aller Kenianer erwartete gewaltsame Auseinandersetzungen im Zusammenhang mit den Wahlen, wobei die Anstiftungen dazu oftmals von den Politikern selbst kam (Dercon 2008: 3). Die späteren Untersuchungen des Internationalen Strafgerichtshofes ergaben, dass zum Beispiel der Politiker Uhuru Kenyatta 50 Mio. KES (rund 540.000 €) ausgab, um Gewalttäter zu finanzieren (Mathenge2012).

Der Wahldurchgang selbst wurde von den zahlreichen Wahlbeobachtungsmissionen dennoch als fair und friedlich bezeichnet (Independent Review Commission 2008: 12-17, Pan African Parliament 2008). Die Weiterleitung der Ergebnisse, die Auszählung und die Verkündung der Ergebnisse hingegen verliefen weder in transparenter noch in legaler Weise, was zum einen durch die nationalen Wahlbeobachter dokumentiert und zum anderen auch in den stark schwankenden Zwischenergebnissen zu erkennen war (KEDOF 2007) (für eine Auflistung siehe Kenyans for Peace with Truth and Justice 2008).

Die Parteilichkeit der Wahlbehörden, die gezielte Mobilisierung ethnischer Bevölkerungsgruppen im Wahlkampf vor dem Hintergrund dramatisch angestiegender Armutsraten und einer damit einhergehenden Verschärfung wirtschaftlicher Konflikte in der Gesellschaft (Schwartz 2001), gekoppelt mit dem intransparenten Zustandekommen des Endwahlergebnisses (Ajulu 2008) und einem sehr knappen Ergebnis von 46,4% für Kibaki und 44,1% für Odinga, ließen die Situation eskalieren. Bereits kurz nach dem Verkünden des offiziellen Wahlergebnisses am 30. Dezember 2007 mobilisierten sich die Anhänger beider Kandidaten:

„Survivors of violence in the area describe an ongoing war in which members of previously mixed communities attack each other with arrows and pangas (machetes). In the first wave of incidents, in Laikipia, guns were also used"
(Kanyongolo/Lunn 1998: 25).

Kofi Annan erklärte nach dem Besuch der Provinz Rift Valley im Rahmen der Mediationsbemühungen, dass „[the violence] may have been triggered by the electoral result, but it has evolved into something else where there is gross and systematic abuse of the rights of citizens [...]" (MSNBC 2008). Insgesamt kamen bei bei den Ausschreitungen rund 1.500 Menschen um, circa weitere 330.000 wurden zu Flüchtlingen (Juma 2009: 408).

8.2 Interventionen von (Sub-)Regionalorganisationen[15]

Da die vorangegangenen Abstimmungen in Kenia bei der Wahl 2002 und dem Referendum 2005 weitgehend friedlich und fair verliefen, schien eine externe technische Unterstützung der Wahlbehörden nicht notwendig. Die Berichterstattung und Einbindung der Medien im Wahlkampf sowie die Erzeugung der Wählerlisten wurden nicht international überwacht. Interventionen regionaler Akteure, um gegen die vor dem Wahlgang stattfindende elektorale Gewalt, inklusive außergerichtlicher Tötungen durch die Polizei (Cheeseman 2008: 170) und Hassreden gegen bestimmte ethnische Gruppen (Kenya National Commission on Human Rights 2008: 61,70,184), vorzugehen, fanden nicht statt. Über das Pan-afrikanische Parlament war die AU ab fünf Tagen vor dem Wahldurchgang in Kenia durch eine Wahlbeobachtungsmission vertreten, deren Engagement in der pre-elektoralen Phase jedoch auf den Austausch von Informationen mit kenianischen Stakeholdern beschränkt war (Pan African Parliament 2008). Auch die EAC war mit einer Wahlbeobachtermission in Kenia, die sich aber ebenfalls auf Beobachtungen beschränkte.

Während der eigentlichen Abstimmung waren von den in dieser Untersuchung analysierten afrikanischen srO die AU und die EAC in Kenia, um die Stimmabgabe an den Wahlstationen und die Weiterleitung der Stimmzettel an die zuständigen Auszählungsorgane zu überwachen. IGAD war weder in der pre-elektoralen Phase noch während der eigentlichen Durchführung der Wahl in Kenia präsent. Die endgültige Auszählung der Stimmzettel fand unter Ausschluss der Wahlbeobachter statt, wodurch weder die verkündeten Zwischenergebnisse noch das endgültige Wahlergebnis von lokalen oder regionalen Wahlbeobachtern bestätigt werden konnte, was in den Berichten der Wahlbeobachtungsmissionen der AU wie auch der EAC stark kritisiert wurde (Pan African Parliament 2008: 2–3 , Independent Review Commission 2008: 19). Die Verkündung des endgültigen Wahlergebnisses fand zeitgleich mit der Vereidigung Kibakis als neuen Präsidenten statt.

Nur Stunden später gab es erste Berichte über Todesopfer durch die ausgebrochenen gewaltsamen Auseinandersetzungen in der Bevölkerung, woraufhin Yoweri Museveni, amtierender Präsident Tansanias und Vorsitzender der EAC, als erster die Initiative in der post-elektoralen Phase ergriff und Kibaki die Hilfe der Organisation bei der Schlichtung des Konfliktes anbot. Zeitgleich gratulierte Museveni Kibaki zu seinem Wahlsieg, wodurch eine unparteiische Intervention seitens Tansanias und der EAC aus Sicht der kenianischen

---

[15] Für eine Auflistung der wichtigsten Interventionen der srO siehe Anhang 8: Zeittafel der Interventionen in Kenia. Neben den im Kapitel 8 angeführten Quellen basiert die Zusammenstellung auf Artikeln vor allem folgender Informationsdienste: allAfrica (www.allafrica.com), BBC (www.bbc.com), Voice of America (www.voanews.com), AfricaFiles (www.africafiles.com), France24 (www.france24.com), UN News Centre (www.un.org/news), African Press Organization (www.apo-opa.org).

Bevölkerung nicht mehr möglich war. Die Bereitschaft der kenianischen Politiker, externe Unterstützung anzunehmen, wurde durch die Tatsache erschwert, dass Kenia in mehreren afrikanischen Konflikten schlichtend eingegriffen hatte, weshalb es zunächst des Eingeständnisses bedurfte, diese nationalen Schwierigkeiten nicht selbst lösen zu können (Khadiagala 2009: 436). Die AU appellierte bereits am 2. Januar, die Gewalt zu beenden.

Nachdem die Mediationsangebote nationaler und internationaler Akteure (wie zum Beispiel der Initiative kenianischer Geschäftsleute, der *Concerned Citizens for Peace*, der Weltbank und des Commenwealth) bei den Konfliktparteien auf Ablehnung stießen und Kibaki explizit die AU um Unterstützung bat, unterbreitete John Kufuor, damaliger Präsident Ghanas und Vorsitzender der AU, ein Positionspapier, indem sich die Konfliktparteien auf den Verzicht von Gewalt, eine Untersuchung der Ausschreitungen und zu einer Machtaufteilung verpflichten sollten. Diese Verhandlungen scheiterten schnell, woraufhin Kufuor die Unterhandlungen beendete. Allerdings erklärten beide Seiten ihre Bereitschaft zu weiteren Gesprächen. Daraufhin gründete die AU das *Panel of African Eminent Personalities* (PoAEP), bestehend aus Kofi Annan, Graca Machel und Benjamin Mkapa, das am 24. Januar die Verhandlungen mit den Teams der beiden Konfliktparteien PNU und ODM begann. Damit übernahm die AU eindeutig die Hauptinitiative bei der Mediation in Kenia (Mutisi 2010: 2).

Ein paar Tage zuvor unternahm Museveni im Namen der EAC einen erneuten Schlichtungsversuch, wurde aber von den Vertretern der ODM mit dem Argument zurückgewiesen, dass parallele Mediationen vermieden werden sollten. Als Reaktion übergab auch die EAC die Verhandlungen offiziell an das PoAEP. Die Verhandlungen des letzteren führten allerdings zu keinem konkreten Ergebnis. Währenddessen explodierte die Gewalt, jede Proklamation oder Aktion der beiden Kandidaten stachelte die Anhänger der PNU und der ODM zu weiteren Gewalttaten an[16]. Am 31. Januar fand das alljährliche Treffen der AU Assembly statt, bei welchem die Staats- und Regierungschefs die anhaltende Gewalt in Kenia verurteilten und nochmals dem PoAEP ihre volle Unterstützung zusagten. Auch IGAD hatte sich inzwischen mit der Situation in seinem Mitgliedsstaat auseinandergesetzt und die Entsendung einer ministerialen fact-finding Mission beschlossen, die am 18. Februar in Kenia eintraf, aber keinen weiteren Einfluss auf die Friedensbemühungen hatte. Am 26. Februar beendete Kofi Annan die erfolglosen Verhandlungen zwischen den Teams von PNU und

---

[16] Für eine konkrete Auflistung der Vorfälle von Bewaffnung der Zivilbevölkerung, Anstachelung zu Gewalttaten, Einschüchterung, Zerstörungen und Tötungen siehe (Kenya National Commission on Human Rights 2008: 177238).

ODM im Rahmen des PoAEP und forderte direkte Gespräche zwischen Kibaki und Odinga. Nur zwei Tage später wurde der *National Accord and Reconciliation Act* verabschiedet, in dem sich die Unterzeichner verpflichteten, die gewaltsamen Ausschreitungen zu untersuchen, eine Verfassungsreform umzusetzen und die politische Macht zu teilen, indem Kibaki weiterhin der Präsident Kenias blieb, Odinga dafür das neu geschaffene Amt des Premierminister übernahm.

Im verbleibenden Abschnitt dieses Kapitels werden die zuvor in Thesen formulierte Interventionsbereitschaft und die Fähigkeiten der untersuchten srO mit den wirklich umgesetzten Handlungen anlässlich des Managements des Konfliktes in Kenia im Zusammenhang mit der Präsidentschaftswahl von 2007 abgeglichen.

Die *These 1a*, nach welcher die **AU**, aufgrund der Vielzahl an verpflichtenden Dokumenten und dem Eigenanspruch als primär zuständigen Konfliktmanager auf dem afrikanischen Kontinent, entschlossen bei elektoralen Konflikten intervenieren wird, konnte bestätigt werden. Kurz nach dem Bekanntwerden von gewaltsamen Ausschreitungen beteiligte sich die AU aktiv an den Bemühungen, die Gewalt zu beenden und nahm dabei auch eine führende Rolle ein. Als einzige Einschränkung muss allerdings angemerkt werden, dass eine Anfrage durch eine Konfliktpartei notwendig schien, um dieses Engagement auszulösen.
Eine Unterstützung oder Zusammenarbeit mit dem kenianischen Staat bei den Vorbereitungen der Wahl in der pre-elektoralen Phase fand nicht statt. Lediglich in den letzten fünf Tagen vor dem Urnengang war die AU über die Wahlbeobachtungsmission des Pan-afrikanischen Parlamentes vertreten. Da sich diese Mission jedoch auf ein neutrales Beobachtermandat beschränkte, kann auch die *These 1b* bestätigt werden.
Während der Wahlphase wurden durch die AU keine weiteren Maßnahmen, wie zum Beispiel die Entsendung unterstützenden Personals zur Sicherstellung der notwendigen organisatorischen Kapazitäten des Wahlpersonals, beschlossen, sodass das Engagement der Organisation in diesem Punkt der *These 1c* entsprach.
Nach dem starken Anstieg der Gewalt mit dem Verkünden der Ergebnisse intervenierte die AU anfangs mittels Aufrufen und setzte sich, nach der Anfrage Kibakis, zunächst durch die Entsendung eines Mediators und die anschließende Gründung des PoAEP aktiv und erfolgreich ein. Die *These 1d* kann trotzdem nicht bestätigt werden, da die AU längst nicht alle ihr zu Verfügung stehenden Methoden nutzte und zudem nicht auf die für ein effektives Konfliktmanagement geschaffenen Abläufe und Institutionen zugriff, sondern im Gegenteil

ad-hoc Mechanismen bevorzugte. Weder die Assembly noch der AU PSC beschäftigten sich insofern mit der Situation, als das konkrete Beschlüsse, seien es Sanktionen, Untersuchungen oder Androhungen, gefasst wurden. Sämtliche Aktivitäten dienten vorrangig einer möglichst kurzfristigen Lösung zum Beenden der Gewalt, wobei es wohl vor allem Kofi Annan als Person zuzurechnen ist, dass auch langfristige Ziele, wie die Neugestaltung der Verfassung und die Beseitigung der wesentlichen dem Konflikt zugrunde liegenden Gründe, in die Verhandlungen mit aufgenommen und beschlossen wurden.

Eine Zusammenarbeit mit anderen Akteuren schloss Annan, Hauptmediator des PoAEP, mit der Begründung aus, dass weitere Schlichtungsversuche die eigenen Möglichkeiten in den Verhandlungen einschränken würden. Die EAC unternahm dennoch zwei Versuche, um selbst schlichtend einzugreifen, stellte diese aber nach einer jeweiligen Ablehnung durch das ODM schnell ein. Auch mit IGAD gab es anscheinend keinerlei Absprachen. Lediglich eine Kooperation zwischen den USA und der AU war gegeben, allerdings unterstrichen die eigenen Aktivitäten der USA, dass wenig Interesse vorhanden war, die Initiativen gemeinsam zu koordinieren. Die UN hingegen war in Kenia seit 2005 vorrangig präventiv durch die Unterstützung von zivilgesellschaftlichen Gruppen, durch die Schaffung eines *National Steering Committees on Peace Building and Conflict Prevention* und die Sensibilisierung der Bevölkerung zu elektoraler Gewalt nachhaltig erfolgreich tätig (Ojielo 2009: 1-2). *These 1e* wurde daher widerlegt, weil eine Zusammenarbeit mit anderen afrikanischen srO nicht oder nur punktuell gegeben war.

Zusammenfassend bestätigte die AU ihre Eigenansprüche und war federführend im Konfliktmanagement der elektoralen Gewalt in Kenia. Allerdings war dafür eine Aufforderung von Seiten einer der Konfliktparteien notwendig. Die Organisation nutzte ihre spezialisierten Organe nur unzureichend. Zudem blieb ihr Engagement vorrangig reaktiv, weshalb das Konfliktmanagementpotential der AU insgesamt nur unzureichende Nutzung erfuhr. Die fehlende Unterstützung der kenianischen Behörden und Gesellschaft im Zeitraum vor der Wahl war zwar zu erwarten, zeugte aber, da die Notwendigkeit präventiven Engagements durch ausreichende Hinweise belegt war, vom fehlenden politischen Willen der AU, speziell elektoraler Gewalt nachhaltig und langfristig durch die Etablierung der notwendigen Infrastruktur und der Schaffung einer aktiven Zivilbevölkerung in den jeweiligen Mitgliedsstaaten entgegenzuwirken.

Die **EAC** hat sich, wie in *These 3a* vermutet, aktiv am Konfliktmanagement der elektoralen Gewalt in Kenia beteiligt. Diese Interventionen beruhten, ebenfalls wie erwartet, auf *ad-hoc*

Beschlüssen und waren vornehmlich auf das persönliche Engagement des damaligen Vorsitzenden der EAC, Museveni, zurückzuführen.

These 3b wurde durch das nicht vorhandene Engagement in der pre-elektoralen Phase bestätigt. Auch die Entsendung einer Wahlbeobachtermission erfolgte zu kurz vor dem Wahlvorgang, als dass umfangreichere Gespräche mit den kenianischen Stakeholdern hätten stattfinden können.

Während der Wahlphase fand daher lediglich neutrale Beobachtung statt, aufgrund derer abschließend aber zumindest das schlechte Management der Wahl durch die zuständigen Wahlbehörden in Kenia deutlich kritisiert wurde. Das begrenzte Mandat und die kurzzeitige Anwesendheit der Wahlbeobachtermission in Kenia bestätigt *These 3c*.

Die eskalierenden gewaltsamen Auseinandersetzungen veranlassten die EAC als erste der untersuchten srO zu einer Intervention, in der die Bereitschaft signalisiert wurde, die Mediation des Konfliktes zu unterstützen und zu übernehmen. Aufgrund der vorzeitigen Parteinahme Musevenis disqualifizierte sich die Organisation jedoch aus Sicht der Konfliktpartei ODM für eine solche Rolle. Durch das Fehlen explizit konfliktintervenierender Organe blieben die Aktionen der EAC zudem auf eine direkte und persönliche Einflussnahme durch den damaligen EAC-Vorsitzenden Museveni begrenzt. Daher waren die Bemühungen der EAC im erfolgreichen Konfliktmanagement der Krise in Kenia 2007/2008, der *These 3d* folgend, unbedeutend, wenn nicht mitunter sogar kontraproduktiv, da die Konfliktparteien potentiell die Möglichkeit zum gegenseitigen Ausspielen der intervenierenden Akteure hatten. Auch wenn es eine umfangreiche wirtschaftliche Zusammenarbeit zwischen der EAC und anderen srO wie COMESA oder IGAD gibt und eine Kooperation in der Entsendung der Wahlbeobachtungsmission im Bereich des Möglichen lag, hat die EAC sämtliche konfliktbearbeitenden Initiativen eigenständig beschlossen und durchgeführt. *These 3e* kann somit bestätigt werden.

Zusammenfassend hat die EAC aufgrund des persönlichen Engagements seines Vorsitzenden Museveni gezeigt, dass sie die Ambition hegt, im Konfliktmanagement der Region aktiv zu sein. Die Verpflichtung auf liberal demokratische Normen scheint von Bedeutung zu sein, fand im Zusammenhang mit der elektoralen Gewalt in Kenia aber keine offizielle Erwähnung. Durch fehlende offizielle Beschlüsse des Summit waren die Initiativen scheinbar, wenn auch offiziell im Namen der EAC, auf das individuelle Interesse Musevenis zurückzuführen. Die Gemeinschaft zeigte sich, wie die vorangegangene Analyse der Organisationsstruktur wie auch der vorhandenen Dokumente bereits vermuten ließ, unfähig, die Bemühungen zum Konfliktmanagement in Kenia 2007/2008 konstruktiv zu unterstützen.

IGAD engagiert sich seit Jahren sehr aktiv in der Konfliktbewältigung innerhalb der eigenen Region. Daher war auch ein entschlossenes Handeln im Fall Kenias 2007/2008 zu erwarten. Unterstützt wurde die Vermutung der *These 4a* durch das Vorhandensein des relativ fähigen Konfliktfrühwarnsystems CEWARN. Durch die fehlenden Handlungsprinzipien und die fehlenden, speziell mit dem Umgang mit elektoraler Gewalt betrauten Organen ist IGAD allerdings erst Ende Februar und damit äußerst spät aktiv geworden. *These 4a* hat sich daher nicht bestätigen können.

Die Organisation war weder in der pre-elektoralen Phase noch in der Wahlphase aktiv. Die Erwartungen von *These 4b* haben sich daher bestätigt.

Die in *These 4c* angesprochene Wahlbeobachtung während der Wahlphase fand dementsprechend, auch in Kooperation mit anderen srO, nicht statt, weshalb das Handeln IGADs hinter den (minimalen) Erwartungen zurück bleibt.

Selbst mit der Eskalation des Konfliktes nach Verkündung des endgültigen Wahlergebnisses wirken sich die Ereignisse auf das Konfliktmanagement IGADs nur insofern aus, als dass der kenianische Kandidat zum Vorsitz des *Sekretariats* gewählt wird, wodurch eine Umsetzung von eventuell später notwendig gewordenen umfassender Sanktionen gegen den Staat sehr unwahrscheinlich geworden wäre. Da die Notwendigkeit solcher Sanktionen aber von keiner der am Konfliktmanagement beteiligten Akteure angesprochen wurde, war dies ein Umstand, der praktisch keinerlei Relevanz besaß. *These 4d* wurde damit teilweise widerlegt, weil eine pro-aktive Unterstützung der Friedensbemühungen nicht stattfand, allerdings eine ministeriale fact-finding Mission als *ad-hoc* Initiative entsandt wurde. Dieses Engagement ist aber eingeschränkt und spiegelt eher die organisatorischen Fähigkeiten als die eigenen Ansprüche wider.

Da es keine Wahlbeobachtermission von IGAD gab, fiel damit auch die erwartete Zusammenarbeit mit anderen srO aus. Daher konnte die *These 4e* nur teilweise bestätigt werden, da die weitere Konfliktmanagementinitiative, die fact-finding Mission, ohne Absprache mit anderen srO Umsetzung fand.

Zusammenfassend kann festgehalten werden, dass IGAD für elektorale Konflikte weder spezifische Handlungsnormen noch Organe entwickelt hatte und entsprechend nur sehr eingeschränkt fähig war, sich an den Bemühungen zum Beenden der elektoralen Gewalt in Kenia 2007/2008 zu beteiligen. Die einzige sichtbare Initiative der Organisation erfolgte realtiv spät und ohne Zusammenhang zu den bis dahin unternommenen Aktivitäten anderer Akteure. Durch die Entsendung der Mission zeigte IGAD aber ihren Willen, an den Konfliktmanagementbemühungen in der Region teilzuhaben.

Um die Bedeutung der Konfliktinterventionen von SrO für den gesamten Konfliktmanagementprozess beurteilen zu können, werden nun die Initiativen anderer Akteure kurz umrissen. Neben der AU, der EAC und der IGAD haben insbesondere die USA einen Beitrag zur Beendigung der elektoralen Gewalt geleistet. Die USA sind politisch und militärisch eng mit Kenia verbunden (vgl. Army Logistics University 2012). Der damalige *United States Assistant Secretary of State for African Affairs*, Jendayi Fraser, begann bereits am 4. Januar direkte Gespräche mit Kibaki und Odinga und warnte, nach 10 Tagen ergebnisloser Verhandlungen: „[the USA] will find an international mechanism if they can't find it internally" (Khadiagala 2009: 438) - angesichts der geostrategischen und politischen Interessen und Fähigkeiten der USA eine ernstzunehmende Warnung. Die Bedeutung, die einer Lösung der elektoralen Gewalt zugeschrieben wurde, unterstrichen die USA durch die Anreise der *United States Secretary of State* Condoleezza Rice am 18. Februar zum Zweck der Unterstützung der Bemühungen durch das PoAEP.

Auch die Europäische Union hatte eine Wahlbeobachtungsmission nach Kenia gesandt und die Wiederholung der Wahl gefordert, allerding keine weiteren Schritte zur Lösung der Krise unternommen.

Bedeutung für die schnelle Einstellung der Gewalt sowie einer erfolgreichen Umsetzung der im *National Accord and Reconciliation Act* beschlossenen Initiativen hatte zudem die kenianische Zivilgesellschaft. Neben der Initiative kenianischer Geschäftsleute als *Concerned Citizens for Peace* gab es noch den Zusammenschluss von 30 zivilgesellschaftlichen Organisationen zu den *Kenyans for Peace with Truth and Justice*. Eine weitere Maßnahme war zum Beispiel auch das Projekt *Ushahidi* (vgl. Ushahidi.com), dass den Kenianern ermöglichte, Menschenrechtsverletzungen, Gewaltakte und Flüchtlingsbewegungen dezentral per SMS an eine Website zu senden, wodurch wichtige Transparenz für die spätere Aufarbeitung der Gewalt geschaffen wurde. Eine Vielzahl an dezentral organisierten Initiativen und Schlichtungen auf lokaler Ebene unterstützte diese Bemühungen und setzte sich für eine gewaltfreie Auseinandersetzung zwischen den Konfliktparteien ein (Dercon 2008: 3).

9. Diskussion der Interventionen und Beantwortung der Forschungsfrage

Dieses Kapitel dient der Herausarbeitung der Schwächen und Stärken von ſrO im Konfliktmanagement elektoraler Gewalt durch eine Zusammenführung der bisherigen Analyseergebnisse in Bezug auf die Konfliktinterventionen in Kenia und Côte d'Ivoire. Im Folgenden werden zunächst - auf die thematische Ordnung der Thesen zurückgreifend - die beiden Interventionen vergleichend bewertet, um zu ergründen, ob allgemeine Tendenzen absehbar sind. Zunächst wird dafür auf die Interventionsbereitschaft und den Eigenansprüchen der ſrO eingegangen, um dann die Stärken und Schwächen der Interventionen in den einzelnen Phasen eines Wahlzykluses zu entwickeln. Anschließend werden die Ergebnisse der Analyse genutzt, um die Forschungsfrage zu beantworten.

Die wissenschaftliche Debatte über elektorale Gewalt, in Kapitel 3 umrissen, geht davon aus, dass eine entschlossene Intervention durch externe Akteure die Eskalationswahrscheinlichkeit elektoraler Gewalt vermindert. Diese Interventionen können unterschiedlichster Arten sein und von der technischen Unterstützung beim Erstellen des nationalen Wählerregisters, über die Schaffung eines allgemein anerkannten Handlungsrahmens in Form von regional gültigen Absichtserklärungen und anderweitigen Vertragswerken, die Entsendung von Wahlhelfern bei der eigentlichen Wahl bis hin zu diplomatischen und militärischen Druckmitteln zur Verhinderung weiterer gewaltsamer Ausschreitungen reichen.

Nach der Analyse der offiziellen Dokumente, in denen die vier im Zentrum dieser Untersuchung stehenden ſrO AU, ECOWAS, EAC und IGAD ihre jeweiligen allgemeinen Handlungsnormen festhalten und nach der Untersuchung der Mandate und Befugnisse ihrer für das Management (elektoraler) Konflikte notwendigen Organe wurden auf dieser Grundlage Thesen zu den jeweiligen Eigenansprüchen der Organisationen in Bezug auf ihr Verhalten im Fall elektoraler Konflikte erstellt. Übergreifend erschloss sich die in den Thesen 1a bis 4a beschriebene Erwartung, dass sich im Falle elektoraler Gewalt alle vier Organisationen aktiv an Konfliktinterventionen in ihrer jeweiligen Einflusssphäre[17] beteiligen bzw. diese Interventionen auch leiten würden.

Trotz dieser generellen Erwartung war erkennbar, dass sich die vier Organisationen unterschiedlich intensiv mit der Problematik der elektoralen Gewalt auseinandergesetzt haben und daher auch Unterschiede in ihren Organisationsformen aufweisen. So besitzt die AU eine Vielzahl an Dokumenten, in denen sie den Bürgern ihrer Mitgliedsstaaten grundsätzliche

---

[17] Im Falle der AU ist das der gesamte afrikanische Kontinent, wohingegen ECOWAS einen regionalen Fokus auf Westafrika, EAC und IGAD auf Ostafrika legen.

Rechte im Zusammenhang mit der praktischen Umsetzung von demokratischen Lebensweisen garantiert. Weiterhin hat sie Organe entwickelt, deren Zuständigkeitsbereich explizit die Vorhersage von, Auseinandersetzung mit und Eindämmung von konfliktfördernden oder gewalteskalierenden Situationen ist. Die AU kann außerdem auch praktische Erfahrungen in Konfliktinterventionen vorweisen. Auch ECOWAS kann sich auf die für die Mitgliedsstaaten der AU gültigen Dokumenten und Vertragswerke berufen und zudem auf ein jahrelanges politisches und militärisches Engagement in ihren Mitgliedsstaaten, darunter auch in Côte d'Ivoire, zurückblicken. Entsprechend aktiv intervenierten AU und ECOWAS in Côte d'Ivoire und unternahmen über den gesamten Zeitraum des Konfliktes verschiedene Initiativen, um eine friedliche Lösung zu erreichen.

Ähnlich aktiv intervenierte die AU auch im Falle der elektoralen Gewalt in Kenia. Die EAC wie auch IGAD waren, der die vorangehende Analyse aufgezeigt hat, nur begrenzt fähig, signifikant Anteil am Konfliktmanagement in diesem Konflikt zu nehmen, da spezifische Handlungsanweisungen und institutionalisierte Organe für den Umgang mit elektoraler Gewalt fehlten und *ad-hoc* Maßnahmen gefunden werden mussten. Während die EAC durch das persönliche Engagement ihres Vorsitzenden Museveni konfliktschlichtend eingriff, beschränkte sich IGAD auf eine sehr späte Entsendung einer fact-finding Mission. Die Erwartungen eines aktiven Teilhabens an den regionalen Konfliktinterventionen wurden in diesem Fall nicht bestätigt.

Allgemein lässt sich bezugnehmend auf das entschlossene und aktive Intervenieren der srO festhalten, dass in Côte d'Ivoire die beiden regional zuständigen srO AU und ECOWAS tätig wurden und ihren Ansprüchen entsprechend entschlossen und andauernd intervenierten, während in Kenia die unterschiedlichen Fähigkeiten der einzelnen srO deutlich wurden.

In der pre-elektoralen Phase einer Wahl existieren, wie in Kapitel 3 dargelegt, zahlreiche Möglichkeiten, demokratische Prinzipien zu hinter- und umgehen. Allerdings besteht auch die Möglichkeit einer vorausschauenden Intervention, um spätere Zerwürfnisse und Eskalationen frühzeitig zu erkennen und zu präventiv zu verhindern. Obwohl eine Unterstützung bei der Planung und Durchführung einer Wahl in der pre-elektoralen Phase im Vergleich zu späteren Interventionen ungleich ressourcenschonender ist und trotzdem wesentlichen Einfluss auf die sozialen und politischen Prozesse im Umfeld der Wahlen ausüben kann, setzten sich die vier untersuchten srO nur unzureichend mit dieser Thematik auseinander. Daher waren die Erwartungen, ausformuliert in den Thesen 1b bis 4b, auch entsprechend gering. Dies beruht auf der Tatsache, dass keine der srO die Bedeutung der pre-elektoralen Phase konkret in den zentralen Dokumenten festgehalten oder den eigenen Organen diesbezügliche Mandate erteilt hatte. Lediglich die allgemeine Beobachtung potentiell politisch brisanter Situationen in den eigenen Mitgliedsstaaten und die Möglichkeit der Ergreifung aller „notwenigen Mittel" wurden teilweise festgeschrieben, woraus sich jedoch keine erkennbaren Handlungsanweisungen ableiten ließen. Nur von der AU, die sich von den vier untersuchten Organisationen am meisten mit elektoraler Gewalt auseinandergesetzt hat, wurden minimale Unterstützungen für Côte d'Ivoire bzw. Kenia bei der Wahlvorbereitung erwartet. Diese erfüllten sich ebenso minimal: Im Falle Côte d'Ivoires geschah dies durch die öffentlichen Warnungen durch den PSC, dass die verpflichtenden demokratischen Prinzipien für Wahlen eingehalten werden sollten, in Kenia durch eine Beobachtermission, die sich mit den Stakeholdern traf. Direkte technische Unterstützung in den jeweiligen Staaten wurde allerdings nicht gegeben.

Obwohl es für Kenia (CEWARN) und für Côte d'Ivoire (ECOWARN bzw. WANEP) etablierte Frühwarnsysteme gab, flossen die Erkenntnisse dieser in keine politischen Entscheidungen ein. Auch eine langfristige Förderung der nationalen Zivilgesellschaften, die vor allem in Kenia eine wichtige Rolle im Konfliktmanagement spielten, konnte nicht festgestellt werden.

Daher intervenierten die untersuchten šrO, der vorherigen Analyse entsprechend, wenig bzw. gar nicht in der pre-elektoralen Phase. Es ist anzunehmen, dass dies darauf zurück zu führen ist, dass die afrikanischen Staats- und Regierungschef die Souveränitätsrechte der einzelnen Staaten, wie sie im Gründungsvertrag der AU festgehalten sind, zum Anlass nehmen, um sich erst an die inneren Angelegenheiten eines Landes zu beteiligen, wenn andernfalls durch eine Nichteinmischung unmittelbare negative regionale Konsequenzen zu erwarten sind. Da die Vorbereitung von Wahlen im nationalen Kontext durchgeführt wird, sind regionale Auswirkungen dieser Prozesse sehr unwahrscheinlich und daher scheinbar nicht von Belang für regional wirkende šrO.

Während der Wahlphase selbst kann die Anwesenheit externer Beobachter in Wahllokalen, bei der Zählung der Wählerstimmen und bei der Verkündung der Wahlergebnisse den durchführenden nationalen Institutionen eine erhöhte Legitimation verleihen, elektorale Gewalt in Form von Einschüchterung, Stimmzettelaustausch oder manipulierter Auszählung unterbinden und gegebenenfalls Schwächen im Wahldurchgang aufdecken. Die Auswertung der Organisationsstrukturen und zentralen Vertragswerken hat ergeben, dass, wie in den Thesen 1c - 4c festgehalten, die untersuchten šrO mit Wahlbeobachtermissionen in den jeweiligen Staaten vertreten sein würden. Im Fall von AU und ECWOAS wurde die Entsendung von Wahlbeobachtern sicher erwartet, während bei der EAC und IGAD aufgrund ihrer geringen Planungs- und Durchführungskapazitäten ihr Wille zu diesen Maßnahmen durch den ausformulierten Willen an der Teilhabe an friedens- und sicherheitsrelevanten Vorgängen in der Region zwar erkannt, aber nur bedingt eine praktische Umsetzung erwartet wurde.

Die AU überwachte in Côte d'Ivoire, wie auch in Kenia, den Wahldurchgang, unternahm aber keine weiterführenden Maßnahmen. ECOWAS beobachtete die Wahlen in Côte d'Ivoire und begann, noch vor der Verkündung des offiziellen endgültigen Wahlergebnisses, Gespräche mit den relevanten Stakeholdern zu führen, um eine gewaltsame Eskalation der politischen Spannungen zu vermeiden. Die EAC entsandte ebenfalls eine eigenständige Wahlbeobachtermission nach Kenia, die zudem äußerst kritisch die beobachteten Vorgänge verurteilte. IGAD war während der Wahl in Kenia jedoch nicht anwesend.

Damit haben ECOWAS und EAC die an sie gerichteten Erwartungen, die sich aus der Untersuchung abgeleitet haben, übertroffen. IGAD hat, anders als gemutmaßt, keinerlei Interesse an der Beteiligung an der Wahl in Kenia gezeigt und damit zwar entsprechend ihrer Organisationsstruktur gehandelt, jedoch ihre Eigenansprüche nicht umgesetzt. Die AU hielt die minimalen Anforderungen bezüglich einer Überwachung und Intervention während der Wahlphase ein. Insgesamt berief sich keine der untersuchten Organisationen im Laufe ihrer späteren Konfliktinterventionen auf zuvor durchgeführte, eigene Maßnahmen. Wie auch in der pre-elektoralen Phase, kann dies damit im Zusammenhang stehen, dass auch die Durchführung von Wahlen noch als primär nationale Angelegenheit gewertet wird und lediglich im Falle eines dadurch beendeten Bürgerkrieges oder anderer besonderer Umstände ein erhöhtes Interesse von Seiten der srO vorhanden ist. Die umfangreichen Verpflichtungen zu demokratischen Werten machen jedoch eine aktive Beobachtung von Wahlen notwendig, um diese Ansprüche glaubhaft zu bestätigen.

Elektorale Gewalt hat, wie in Kapitel 3 beschrieben, in der post-elektoralen Phase, nach der Verkündung der Wahlergebnisse, ein besonders hohes Potential, in gewaltsame Auseinandersetzungen zu eskalieren. Für regionale Akteure ist daher eine frühstmögliche und effektive Intervention entscheidend, um mit den Konfliktparteien in Kontakt zu kommen, tiefergehende Ursachen aufzudecken und Schlichtungsangebote zu entwickeln, um eine Eskalation zu verhindern und Gewalt einzudämmen.

Die Analyse der vier srO ergab, dass, den Organisationsformen und beschlossenen Vertragstexten entsprechend, die AU und ECOWAS vielfältig auf die eskalierenden Krisen reagieren würden und ihre Erfahrung aus vorangegangenen Konfliktmanagementinitiativen wie auch die vorhandenen spezialisierten Organe gezielt und umfassend einsetzen würden. Dies wurde in den Thesen 1d und 2d festgehalten. Die Organisationen EAC und IGAD hingegen hatten nur wenige institutionalisierte Möglichkeiten für Konfliktinterventionen etabliert und waren auf *ad-hoc* Beschlüsse und Initiativen angewiesen, um sich aktiv an der Schlichtung des Konfliktes in Kenia zu beteiligen. Die Wirkung und die Nachhaltigkeit solcher Initiativen wurden, wie in den Thesen 3d und 4d geschrieben, als äußerst eingeschränkt eingeschätzt.

Die AU entsprach den Erwartungen nur teilweise, indem sie sich zwar aktiv für eine Schlichtung der Konflikte in Kenia und Côte d'Ivoire einsetzte, dabei jedoch vor allem auf die Schaffung von *ad-hoc* Panels beschränkte, in denen afrikanische Persönlichkeiten und ehemalige Staatsmänner, in der Tradition der *Big Men*, direkte Gespräche mit den Anführern der Konfliktparteien führten, um die Gewalt zu beenden. Ein solches Vorgehen impliziert, dass die AU davon ausging, dass diese die Kontrolle über die Geschehnisse in den jeweiligen Ländern hatten und daher die einzig relevanten Stakeholder in den Konflikten waren. Die Vielfältigkeit der Ausprägungen und den Akteuren von elektoraler Gewalt fand in diesem Ansatz keine Beachtung. In Kenia war zudem erst eine offizielle Anfrage von einer der beiden zentralen Konfliktparteien notwendig, um überhaupt eine Intervention der AU anzustoßen. Im Fall der Côte d'Ivoire wurde die AU erst aktiv, nachdem ECOWAS die ersten Initiativen eingeleitet hatte. Sie versuchte dann, bisherige und parallele Initiativen dem eigenen Konfliktmanagement unterzuordnen.

Dem von der AU eingeforderten Prinzip der Subsidiarität folgte die Organisation selbst nicht. In Kenia übernahm sie den Konfliktmanagementprozess, ohne sich mit den subregionalen Organisationen EAC und IGAD abzusprechen bzw. ihnen zunächst die Initiative zu überlassen und in Côte d'Ivoire trat die AU in Konkurrenz zur subregionalen Organisation ECOWAS. In keinem der beiden untersuchten Konfliktfälle ließ die AU zweifel am eigenen Vorgehen erkennen oder bat aus mangelndem Erfolg der eigenen Initiativen um Unterstützung.

ECOWAS' Verhalten entsprach dem zuvor festgestelltem Eigenanspruch, indem frühzeitig Initiativen ergriffen wurden, um einer weiteren Eskalation des Konfliktes entgegenzuwirken. Dabei griff ECOWAS allerdings auch nicht auf die eigenen institutionalisierten Organe zurück, sondern entsandte, ebenso wie die AU, Staatsmänner, die keine Funktion innerhalb der ECOWAS Organisation inne hatten, um in einen direkten Dialog mit den Anführern der beiden Konfliktparteien zu kommen. Weder bei der AU noch bei ECOWAS schien es Anweisungen zu geben, wie diese Verhandlungen zu organisieren seien oder welche Themen angesprochen werden sollten. Den entsandten Mediatoren wurde scheinbar völlige Freiheit beim Vorgehen gegeben, wodurch die persönlichen Fähigkeiten dieser Mediatoren zentral für die Fortschritte im Konfliktmanangement der Konflikte wurden. Während in Kenia die Initiative von Kofi Annan sehr schnell Erfolge vorweisen konnte, gelang ein solcher Erfolg keinem der in Côte d'Ivoire eingesetztem Mediator.

Es ist auffällig, dass die institutionell geschaffenen Organe und die sich daraus ergebenen Interventionsmöglichkeiten im Vergleich zum Einsatz renommierter Persönlichkeiten nur unzureichend Anwendung finden. Dies lässt darauf schließen, dass traditionelle Konfliktschlichtungsmethoden, durch die Inanspruchnahme von *Big Men* oder *Wise Men* und direkte Gespräche zwischen den Führern der Konfliktparteien mehr Vertrauen genießen als die Umsetzung von in allgemein verbindlichen Dokumenten beschlossenen Konfliktinterventionsarten und -aufbau nach westlich liberalen Vorbild. So haben weder die AU noch ECOWAS ihre in der Organisation etablierten Konfliktschlichtungsmöglichkeiten, wie den institutionalisierten Mediationseinheiten oder die militärischem Eingreiftruppen, genutzt und sich, ebenso wie die weniger für ein aktive Konfliktmanagement ausgelegten Organisationen EAC und IGAD, auf *ad-hoc* Mechanismen verlassen. Dies erschwerte die Etablierung einer nachhaltigen Konfliktschlichtungsstrategie und -kultur innerhalb der Organisationen und verhinderte eine spätere systematische Auswertung der gemachten Erfahrungen.

ECOWAS scheint, im Gegensatz zur AU, die Misserfolge der eigenen Interventionen in Côte d'Ivoire und die weiteren Interventionsmöglichkeiten dennoch ausgewertet zu haben, denn als einzige Organisation bat sie eine andere Organisation, in diesem Fall die UN, um den Einsatz weiterführender Maßnahmen, auch wenn eine Zusammenarbeit von Seiten ECOWAS nicht angestrebt wurde.

In Kapitel 3 wurde deutlich, dass nur ein gemeinsames Vorgehen externer Initiativen auch ausreichend Druck auf die Konfliktparteien ausüben kann, um diese von der Notwendigkeit friedlicher Konfliktschlichtung zu überzeugen. Daher ist die Zusammenarbeit mit anderen srO zentral, um den Konfliktparteien möglichst geringe Möglichkeiten des gegenseitigen Ausspielens der unterschiedlichen Initiativen zu bieten. Die Auswertung der Organisationsstruktur wie auch der wesentlichen Dokumente der vier untersuchten srO ergab, wie in den Thesen 1e und 2e festgehalten, dass die AU und ECOWAS nur minimale Kooperationen eingehen würden, da sie vom Erfolg der eigenen Initiativen ausgehen, aber wahrscheinlich die Einsicht haben, nicht alleine das komplette Konfliktmanagement übernehmen zu können und daher mit anderen Akteuren kooperieren werden. Die Auswertung der EAC und der IGAD, beschrieben in den Thesen 3e und 4e, ergab, dass eine Zusammenarbeit mit anderen srO unwahrscheinlich wäre.

Die AU hat aber, weder in Kenia noch in Côte d'Ivoire, mit den Akteuren anderer Initiativen längerfristig zusammengearbeitet. In Kenia kam es zwar zu einem Wissenstransfer zwischen der AU und den USA bzw. Großbritannien, dieser mündete allerdings in keinen gemeinsamen Aktionen. Auch erfolgte keine Zusammenarbeit mit den zivilgesellschaftlichen Bewegungen in Kenia. In Côte d'Ivoire wurde ein gemeinsamer Aufruf mit ECOWAS zur Beendigung der Gewalt veröffentlicht, aber auch dieser war wohl darauf zurückzuführen, dass die AU Mitsprache bei allen Initiativen einforderte und weniger auf eine gezielt gemeinsames Vorgehen. In beiden Konflikten schienen die AU und ECOWAS eigensinnig auf die Entsendung renommierter Persönlichkeiten zu setzen und bei Misserfolgen lieber neue Persönlichkeiten auszuwählen, als sukzessiv die eigenen Möglichkeiten zu nutzen, systematisch den Druck auf die Konfliktparteien zu erhöhen und gegebenenfalls durch ein gemeinsames Vorgehen die Optionen auf ein erfolgreiches Konfliktmanangement zu vervielfachen. Die in Côte d'Ivoire offensichtlich gewordenen Spannungen zwischen der AU und ECOWAS lassen auf konträre Vorstellungen bezüglich der jeweiligen Bedeutung für Frieden und Sicherheit in der Region und auf die dringende Notwendigkeit einer Institutionalisierung der Zusammenarbeit schließen.

Die EAC und die IGAD hatten, wie es erwartet wurde, lediglich eigene und sich im Rahmen ihrer Möglichkeiten befindliche Initiativen gestartet, die keinen größeren Einfluss auf die Konfliktabläufe hatten. Doch gerade bei solch institutionell schwachen Organisationen würde eine Bündelung der jeweiligen Fähigkeiten und eine gemeinsame Nutzung der bisher gemachten Erfahrungen im Bereich Frieden und Sicherheit sicher den Einfluss der Organisationen in der Region erhöhen und den eigenen Ansprüchen bezüglich der eigenen Bedeutung näher bringen.

Alle untersuchten srO verfolgten den Anspruch, in friedens- und sicherheitsrelevanten Themen eine zentrale Rolle in der eigenen Region einzunehmen. Um diesen Anspruch durchzusetzen und nicht auf andere Akteure, wie der UN, angewiesen zu sein, haben die AU und ECOWAS eine beeindruckende Zahl spezialisierter Organe entwickelt, die in den unterschiedlichen Phasen eines (elektoralen) Konfliktes, je nach Bedarf, präventiv oder proaktiv gezielt eingreifen können. Die EAC und IGAD haben, wahrscheinlich vor dem Hintergrund des relativ jungen Alters der Organisationen, bis zum untersuchten elektoralen Konflikt in Kenia 2007 noch keine entsprechende konfliktmanagende Organisationsstruktur aufgebaut, betonten aber die Notwendigkeit einer solchen. Aufgrund der unterschiedlichen Fähigkeiten und Erfahrungen im Umgang mit Konflikten, divergierten auch die Erwartungen an die jeweiligen Organisationen in den Fällen der elektoralen Gewalt in Kenia 2007 und in Côte d'Ivoire 2010 eingreifen zu können.

Was bedeuten diese Ergebnisse nun für die Beantwortung der Forschungsfrage?

Die Untersuchung der šrO in Afrika südlich der Sahara hat ergeben, dass šrO hohe Ansprüche in Bezug auf die eigene Konfliktmanagementfähigkeiten haben. Im globalen Konfliktmanagementsystem sieht sich die AU zuständig für die Wahrung von Frieden und Sicherheit auf dem afrikanischen Kontinent. Die UN behalte zwar weiterhin die primäre Zuständigkeit für die Wahrung des internationalen Friedens, aber mit der Ausnahme Afrikas. ECOWAS behält sich, wie die AU, vor, auch ohne die Autorisierung des UN Sicherheitsrates (militärisch) in Konflikte in Westafrika zu intervenieren. Zwar wird praktisch eine Zustimmung als Unterstützung angestrebt, jedoch kann diese, wie im Falle der ECOWAS Interventionen in Liberia und Sierra Leone auch geschehen, im Nachhinein erfolgen. Die EAC und die IGAD haben noch keine eigenständigen Konfliktmanagementkapazitäten aufgebaut und daher ihre eigene Position im globalen Konfliktmanagementsystem noch nicht explizit ausformuliert. Jedoch ist die Tendenz erkennbar, dass das pyramidenförmige globale Konfliktmanagementsystem, wie es die UN ausgebaut sieht, von den šrO mit eigenständigen Konfliktmanagementkapazitäten zunehmend in Frage gestellt wird.

Die Zusammenarbeit zwischen der regionalen Ebene - der AU - und der subregionalen Ebene - ECOWAS, EAC, IGAD - bedarf außerdem einer konkreten Ausformulierung, da es derzeit noch zu Überschneidungen und Unstimmigkeiten in der jeweiligen Kompetenzwahrnehmung kommt.

Gleich ist den vier šrO, dass sie den Anspruch verfolgen, bei (elektoralen) Konflikten eine aktive Rolle im Konfliktmanagement einzunehmen und dieses möglichst unabhängig von anderen Akteuren umzusetzen.

Für eine Umsetzung dieser Eigenansprüche sind, der Organisationslehre folgend, die Schaffung einer Organisationsstruktur und die Verabschiedung kompetenzbestimmender

Handlungsrichtlinien notwendig, um strukturierte, effiziente und erfahrungsbasierte Lösungen für friedens- und sicherheitsrelevante Probleme finden zu können. Die Prozesshaftigkeit eines Wahlzykluses betonend ist es elementar, dass die Organisationen, wollen sie ihre eigenen Ansprüche glaubhaft umsetzen, die Mittel und Methoden besitzen müssen, um präventive Maßnahmen, wie die langfristige Unterstützung institutioneller Wahlbehörden, den Aufbau einer aktiven Zivilgesellschaft oder der ordnungsgemäßen Registrierung der Bevölkerung, umzusetzen. Ebenso sollten sie über ausreichende Konfliktfrühwarnmittel sowie über ausreichend Fachkenntnis zur Bewertung der gesammelten Informationen verfügen. Ein entscheidender Schritt ist zudem noch eine entsprechende Reaktion auf die gemachten Erkenntnisse, die sich in praktischen Schritten nachverfolgen lassen müssen. Die Überwachung der Einhaltung demokratischer Standards bei der Durchführung der Wahl ist ebenso zentral wie die glaubhafte Drohung von angemessenen Konsequenzen, sollten Rechte oder demokratische Werte eingeschränkt oder missachtet werden. Die Fähigkeit der Umsetzung dieser Drohungen, in Form von Suspendierungen, Sanktionen oder im Extremfall sogar militärischen Intervention, ist Bedingung für die Glaubhaftigkeit der Drohungen.

Subsumiert sind dies die Anforderungen, die sich aus der Auseinandersetzung mit den srO und an deren Interventionen bei elektoraler Gewalt ergeben. Die Untersuchung der vier srO hat aufgezeigt, dass die institutionellen wie normativen Fähigkeiten diesen Anforderungen nicht in jedem Fall entsprechen. Der Abgleich der theoretisch angenommenen Kapazitäten mit den praktischen Interventionen in Kenia 2007 und Côte d'Ivoire 2010 hat zudem aufgezeigt, dass selbst die eigentlich vorhandenen institutionalisierten Vorgehensweisen im Umgang mit elektoraler Gewalt nur unzureichend genutzt wurden. Stattdessen folgten die Interventionen der AU in Kenia und in Côte d'Ivoire, ebenso wie die Interventionen von ECOWAS in Côte d'Ivoire, der Bestrebung, afrikanische renommierte Persönlichkeiten, zumeist Männer, als Vertreter der Organisationen als Mediator zu entsenden, um zwischen den Führungspersonen der Konfliktparteien zu schlichten. Wenn ein entsandter Mediator von einer der Konfliktparteien nicht als neutraler Mediator akzeptiert wurde, dann wurde ein anderer durch die Organisation bestimmt. Die EAC hingegen hat zunächst keine renommierte Persönlichkeit bestimmt, sondern die Initiative ihrem Vorsitzenden persönlich überlassen. Welche Mediatoren unter welchen Bedingungen von welcher srO zum Mediator bestimmt wurde, konnte im Rahmen dieser Studie nicht festgestellt werden und wäre sicherlich ein interessantes Untersuchungsfeld für zukünftige wissenschaftliche Auseinandersetzungen mit afrikanischem Konfliktmanagement. Es ist aber klar zu erkennen, dass die pre-elektorale Phase und die Wahlphase deutlich weniger Aufmerksamkeit im Konfliktmanagement elektoraler Konflikte durch ʂrO erhalten als die gewaltsame Eskalation der Konflikte in der post-elektoralen Phase. Zumindest in dieser Untersuchung ist die Tendenz erkennbar, dass ʂrO wahrscheinlicher auf gewaltsame Ausschreitungen reagieren, welche potentiell negative regionale Folgeerscheinungen nach sich ziehen und damit eine direkte Auseinandersetzung mit der Situation notwendig erscheinen lassen. Eine langfristige Strategie, um elektorale Gewalt systematisch zu verhindern, konnte bei keiner der untersuchten ʂrO festgestellt werden. In diesem Zusammenhang muss die Nachhaltigkeit der Konfliktlösung angezweifelt werden, da anscheinend keine Evaluation der Interventionen erfolgt, die die Basis für die Entwicklung von nachhaltigen Strategien im Umgang mit elektoraler Gewalt ermöglichen würde.

Im Fall Kenia war die Intervention der AU erfolgreich, weil Annan ein sehr erfolgreicher Mediator mit entsprechender Autorität und Erfahrung war, die Zivilgesellschaft in Kenia einer weiteren Eskalation der Anhängerschaft der Konfliktparteien aktiv entgegenwirkte und weitere internationale Akteure, vor allem die USA, ein starkes Interesse an einer schnellstmöglichen friedlichen Klärung der Situation hatte und zusätzlichen diplomatischen Druck ausübten. Diese Bedingungen setzten die Konfliktparteien unter ausreichend Druck, sodass die vorgeschlagene Kompromisslösung recht bald Zustimmung fand. Die Beachtung der tieferliegenden Ursachen, wie die ungerechte Landverteilung, die anhaltende Rechtsunsicherheit und ungleiche politische Mitwirkungsrechte, wurden durch die Neugestaltung der Verfassung angegangen, was jedoch von keiner der intervenierenden ʂrO im Verlauf der Konfliktinterventionen angesprochen wurde und ebenfalls auf die Initiative des Mediators Annan zurück geführt werden muss. Die Vorteile der EAC, namentlich politisch stabile und durchaus einflussreiche Mitgliedsstaaten wie Uganda oder Tansania konnten aufgrund persönlicher Spannungen zwischen den jeweiligen Staatschefs nicht genutzt werden und auch das Frühwarnsystem von IGAD scheint die Spannungen innerhalb der kenianischen Gesellschaft nicht ausreichend verfolgt zu haben.

Die Interventionen in Côte d'Ivoire waren geprägt von Parallelität und Ziellosigkeit. Durch die fehlende Einigkeit der Mitgliedsstaaten von AU und ECOWAS war keine der beiden Organisationen fähig, neben der Suspendierung der Mitgliedschaft der Côte d'Ivoire, weiterführende glaubhafte Konsequenzen anzukündigen, wodurch sich die Initiativen auf die immer neue Entsendung von afrikanischen renommierten Persönlichkeiten beschränkten. Erst nachdem die Situation in einem Bürgerkrieg eskalierte, die Maßnahmen der AU keinen Erfolg zu haben schienen und ECOWAS die UN um Unterstützung bat, konnte der Konflikt durch den Einsatz militärischer Mittel durch die UN und Frankreich beendet werden. Anzumerken ist, dass die Ursachen der politischen Spannungen im Land sowie die Gründe für die Manipulationen des Wahlvorganges keine Beachtung fanden und weiterhin die Gefahr einer erneuten Anwendung elektoraler Gewalt besteht.

Es bleibt festzuhalten, dass die untersuchten srO ihre eigenen, in den zentralen Dokumenten und Vertragswerken festgehaltenen Ansprüche bezüglich der Einnahme einer führenden Rolle im nachhaltigen Konfliktmanagement elektoraler Konflikte nicht umsetzen konnten. Die Untersuchung der Interventionen in Kenia 2007 und Côte d'Ivoire 2010 hat ergeben, dass bisher die Unterstützung weiterer Akteure für ein erfolgreiches Konfliktmananagement notwendig ist. Die Analyse hat aber auch die Tendenz gezeigt, dass die afrikanischen srO durch die Schaffung einer entsprechenden institutionellen und normativen Struktur sich zunehmend in der Eigenverantwortung sehen, Konflikte selbst managen zu können. Die Diskrepanz zwischen den eigenen Ansprüchen der srO und den praktisch gezeigten Fähigkeiten ist mitunter noch recht groß und im Zweifelsfall scheinen traditionelle Schlichtungsmethoden den institutionalisierten Strukturen bevorzugt zu werden.

Die wachsende Bedeutung von srO im Konfliktmanagement (elektoraler) Konflikte ist in dieser Untersuchung erkennbar gewesen, auch wenn die Organisationen weiterhin auf externe Unterstützungs- und interne Angleichsprozesse angewiesen sind und die praktisch genutzte Verbindung der westlich-legalen Tradition und der Mediation durch *Big Men* weiter gefestigt werden muss.

Aufgrund der zeitlichen und inhaltlichen Einschränkungen bleibt noch einmal zu betonen, dass die hier dargestellten Erkenntnisse lediglich Tendenzen andeuten, die in zukünftigen Untersuchungen weiterer Überprüfung standhalten müssen.

10. Vom Nutzen (sub-)regionaler Organisationen bei elektoralen Konflikten

Die Demokratisierung, die sich in allen Staaten Afrikas seit Beginn der 1990er Jahre vollzogen hat, bedeutet für die Bevölkerung bis zum heutigen Tag das Vorhandensein grundsätzlicher Ambivalenzen, die sich aus der Übernahme des liberalen Demokratiemodells und der Verschmelzung mit eigenen historisch entwickelten Gesellschaftsmodellen ergeben.

Als zentrale Merkmale liberaler demokratischer Systeme gelten die Gleichheit aller Bürger und die Rechenschaftspflicht der Regierenden den Regierten gegenüber. In regelmäßig stattfindenden Wahlen haben die Bürger die Möglichkeit, durch die Bestimmung der Regierenden direkten Einfluss auf die politische Entwicklung eines Staates zu nehmen. Durch zivilgesellschaftliche Teilhabe besteht zudem die Möglichkeit der Partizipation an politischen Entscheidungsprozessen auch zwischen den Wahlen.

Voraussetzung für eine gleichberechtigte Teilnahme aller Bürger und eine faire Durchführung von Wahlen ist jedoch eine unabhängige und neutrale Staatsverwaltung, die eine diskriminierungsfreie Wählerregistrierung und eine ordnungsgemäße Durchführung der Wahl umsetzen und garantieren kann sowie bei der Verkündung des Wahlergebnisses das Vertrauen der Bevölkerung innehat. In manchen Staaten Afrikas werden diese Strukturen mitunter missbraucht, um durch eine gezielte Mobilisierung bestimmter Gesellschaftsgruppen Partikularinteressen durchzusetzen und damit die Neutralität des Staates aufzuheben. Dadurch entsteht ein Staatssystem, das dem institutionellen Aufbau einer westlich-liberalen Demokratie entspricht, deren Organe jedoch nicht die Umsetzung der Interessen der gesellschaftlichen Mehrheit zum Ziel haben.

Die politische Elite nutzt das Staatsgefüge zur eigenen Bereicherung und verhindert eine aktive Mitbestimmung breiter Bevölkerungsschichten. Die daraus resultierende fehlende Daseinsfürsorge, die in liberalen Demokratien eine Grundsicherung der Bevölkerung garantieren sollte, führt dazu, dass sich die Bürger sub-nationalen sozialen identitätsstiftenden Formationen wie ethnischen oder religiösen Gruppen, Clans oder Dorfgemeinschaften hinwenden und in diesen, zumeist in Form eines patrimonialen Netzwerkes, ihre soziale Absicherung und politische Teilhabe organisieren. Diese Subgruppen der Bevölkerung werden gezielt im politischen Prozess gegeneinander ausgespielt, wodurch es immer wieder zu Konflikten kommen kann.

Gerade bei Wahlen ist die Gefahr der Gewaltanwendung hoch, da die einzelnen Kandidaten bewusst eine Abgrenzung von ihren Mitbewerbern und deren Anhängern verfolgen. Wenn solche Konflikte eskalieren, leidet zumeist die gesamte Region darunter, indem

Flüchtlingsströme, private Militäreinheiten und die Unterbrechung der legalen Wirtschaftstätigkeiten für Unsicherheit sorgen.

Vor diesem Hintergrund haben die afrikanischen Staaten in den letzten 10 Jahren, die Bewegung des Pan-Afrikanismus wiederaufgreifend, gezielt eine Regionalisierung bei den Themen Frieden und Sicherheit vorangetrieben. srO sollen ihre Mitgliedsstaaten bei der Einhaltung der beschlossenen demokratischen Normen unterstützen und im Falle (elektoraler) Konflikte fehlende nationale Kapazitäten durch regionale Anstrengungen ausgleichen.

In dieser Studie wurde untersucht, welche Eigenansprüche die afrikanischen srO im regionalen Konfliktmanagement formuliert haben und wie diese Eigenansprüche von der AU und der ECOWAS in Kenia 2007 und von der AU, der EAC und der IGAD in Côte d'Ivoire 2010 Umsetzung erfuhren. Weiterführend sollte die Frage beantwortet werden, ob diese srO eine führende Rolle bei Konfliktinterventionen spielen.

In der wissenschaftlichen Diskussion wird das verstärkte Engagement der srO unterschiedlich bewertet. Als Vorteile gelten die hohe Bereitschaft zum Einsatz durch direkte Betroffenheit der Mitglieder, gute Kenntnisse der Gegebenheiten des Konfliktes und eine erhöhte Resilienz gegenüber Rückschlägen im Vergleich zu anderen internationalen Akteuren wie der UN. Die Vertrautheit mit dem Konflikt und damit auch mit den Konfliktparteien wird jedoch auch als Nachteil gewertet, da dies eine neutrale Intervention erschwert. Ebenso können die oftmals mangelnden organisatorischen und technischen Fähigkeiten der srO, wodurch sie für die Durchführung der Einsätze auf die Unterstützung Dritter angewiesen sind, zu einer parteilichen Vereinnahmung führen, mit der die Wahrscheinlichkeit der Umsetzung einer alleinig am Interesse der Bevölkerung des konfliktiven Staates orientierten Lösung sinkt. Vor allem in den frühen Phasen eines Konfliktes werden die komparativen Vorteile von srO gesehen, da bei einem frühzeitigen Erkennen von Konfliktpotentialen auch geringere Ressourcen ausreichen, um die Eskalation eines Konfliktes zu vermeiden.

Die durchgeführte Analyse der Organisationsstrukturen und der für Frieden und Sicherheit relevanten Dokumente und Vertragstexte ergibt, dass die srO sich bisher in unterschiedlichem Umfang mit diesen Thematiken auseinandergesetzt haben und daher auch verschieden weit entwickelte Organisationsstrukturen für ein Konfliktmanangement vorweisen. Während die AU und die ECOWAS bereits Erfahrung in praktischen Konfliktinterventionen haben und über eine Reihe von spezialisierten Organen zur Vorhersage von und Umgang mit Konflikten besitzen, haben die EAC und die IGAD keinerlei vergleichbare institutionalisierte Konfliktinterventionsstrategien und -organe geschaffen.

Erstaunlicherweise haben sich diese Unterschiede in den Strukturen und den beschlossenen Vertragswerken zwischen den einzelnen srO jedoch nicht im erwarteten Umfang auf die Fähigkeiten zum nachhaltigen und pro-aktiven Konfliktmanangement bei elektoralen Konflikten ausgewirkt. Zwar sind die AU und die ECOWAS, den in dieser Studie entwickelten Erwartungen entsprechend, deutlich aktiver im Konfliktmanagement der Konflikte in Kenia bzw. Côte d'Ivoire beteiligt gewesen als die EAC und die IGAD und haben entsprechend wichtigere Beiträge zum Lösen der Konflikte beigetragen. Allerdings haben beide Organisationen auf vornehmlich nicht-institutionalisierte Ressourcen zurückgegriffen und Mediationsinitiativen nicht von den organisationsinternen Mediationsorganen, dem PoW bzw. dem CoW, durchführen lassen, sondern renommierte afrikanische Persönlichkeiten außerhalb dieser Organisationsstrukturen als Mediatoren entsandt. Diese nutzten ihre persönliche Autorität und Mediationserfahrung, um mit den Anführern der Konfliktparteien in direkten Gesprächen Lösungen für die Konflikte zu entwickeln.

Dem im elektoralen Konflikt in Kenia von der AU entsandten Hauptmediator Kofi Annan gelang es erfolgreich, durch einen Kompromiss die Krise zu bewältigen, die Eskalation der Gewalt zu beenden und sogar die dem Konflikt zugrunde liegenden Ursachen in der kenianischen Gesellschaft anzugehen. Die Initiativen der EAC beschränkten sich auf persönliche Mediationsversuche durch den EAC-Vorsitzenden Yoweri Museveni, die aber keinen Erfolg brachten. Die IGAD entsandte zunächst lediglich eine *ad-hoc* fact finding Mission, die aber keine weiteren Maßnahmen durchführen konnte, weil der Konflikt inzwischen gelöst worden war.

In Côte d'Ivoire gab es zwischen ECOWAS und AU keine Absprachen oder gemeinsamen Initiativen, wodurch die Mediationspanels beider Organisationen parallel den Dialog mit den Konfliktparteien aufrecht erhielten und für die schließliche Beendigung des Konfliktes, durch das militärische Eingreifen durch die UN und Frankreich, keine relevanten Beiträge leisteten.

Es bleibt zu erforschen, welche Relevanz die von srO beschlossenen Dokumente und Vertragswerke mit dem Ziel der Umsetzung liberal-demokratischer Normvorstellungen und Politikverpflichtungen besitzen, wenn die darin institutionalisierten Organisationsstrukturen für den Umgang mit Konflikten im relevanten Fall keine Anwendung finden. Die Ambivalenz zwischen den westlich-liberal orientierten institutionalisierten Schlichtungsverfahren und -organen und dem in Afrika historisch entwickelten *ad-hoc* Einsatz von renommierten

Persönlichkeiten, den *Big Men*, welches auch in den nationalen politischen Systemen zu beobachten ist, setzt sich auf regionaler Ebene anscheinend fort. Eine Bewertung der Konfliktmanagementfähigkeiten von ſrO kann sich daher nicht allein auf die Bewertung von Vertragswerken beschränken. Das Vorhandensein institutionalisierter Strukturen und formaler Absichtserklärungen scheint, wenn es zum konkreten Konfliktfall kommt, weder ausschlaggebend noch verhaltensbestimmend zu sein. Zukünftige wissenschaftliche Analysen dieser Strukturen sollten sich dieses Unterschiedes bewusst sein und ihn in weiteren Studien genauer untersuchen.

Auch wenn die analysierten ſrO ihren eigenen Ansprüchen in Bezug auf ihre Bedeutung im Konfliktmanagement elektoraler Konflikte (noch) nicht gerecht werden, so deutet das erfolgreiche Engagement der AU im untersuchten Konflikt in Kenia exemplarisch an, dass ſrO eine zunehmende Bedeutung im Konfliktmanangement in Afrika einnehmen werden.

Die Vorteile, die in der wissenschaftlichen Debatte in einem Konfliktmanagement durch ſrO gesehen werden, haben sich in den praktischen Umsetzungen nur teils bewahrheitet. So leidet die Nachhaltigkeit der Interventionen am Mangel von langzeitigen Strategieüberlegungen von Seiten der ſrO und auch die Unparteilichkeit muss, zumindest im Falle Côte d'Ivoires hinterfragt werden. Den komparativen Vorteil, dass Kenntnisse der lokalen Gegebenheiten ein gezieltes und frühzeitiges Engagement zur präventiven Vermeidung von Konflikteskalationen ermöglichen, nutzen die ſrO in Afrika südlich der Sahara anscheinend nicht. Die Untersuchung hat ergeben, dass sie erst bei einer Eskalation reaktiv in das Konfliktgeschehen eingreifen. Die fehlenden Absprachen zwischen den unterschiedlichen Ebenen im globalen Konfliktmanagementsystem resultieren offenbar in einer Situation, in der ein elektoraler Konflikt aufgrund fehlender rechtzeitiger externer Interventionen gewaltsam eskaliert und die dann einsetzenden parallelen Interventionen von Akteuren der globalen, regionalen und subregionalen Ebene des globalen Konfliktmanangementsystems ein zügiges Konfliktmanangement verhindern. Durch die unterschiedlichen Eigenwahrnehmungen und Zielstellungen dieser Akteure ist nicht gewährleistet, dass sie mit ihren Interventionen dieselben Ziele verfolgen und dieselben Parteien unterstützen, was die Notwendigkeit einer klaren Aufgabenteilung und die Einführung von institutionalisierten Kooperationen zwischen den einzelnen Ebenen im globalen Konfliktmanangementsystem wie auch zwischen den Akteuren einer Ebene ersichtlich macht.

So wie es innerhalb des afrikanischen Kontinentes große Unterschiede zwischen den Konfliktmanangementfähigkeiten von ſrO gibt, so existieren diese Unterschiede selbstverständlich auch bei šrO in anderen Regionen der Welt. Daher kann es sein, dass das Spannungsverhältnis zwischen der UN und den šrO in Afrika auch in anderen Regionen spürbar ist/wird. In Anbetracht der politischen Situation im Nahen Osten und der dort aktiven *Arabischen Liga* oder der politischen Situation in Südost-Asien und dem dort aktiven *Verband Südostasiatischer Nationen* scheint eine wachsende Bedeutung von šrO im Bereich von Frieden und Sicherheit als offensichtlich.

Weiterführende Studien zu den Eigenansprüchen von šrO und ihren Konfliktmanagementfähigkeiten in anderen Regionen geben sicherlich aufschlussreiche Erkenntnisse über die zukünftige Entwicklung vom Umgang mit Konflikten auf dieser Erde.

Einschränkend muss noch einmal betont werden, dass die hier geleistete Analyse lediglich Tendenzen aufzeigt, die einer ausführlicheren Überprüfung bedürfen. Dennoch bleibt festzuhalten, dass der limitierte Blick dieser Studie aufgezeigt hat, dass es noch Forschungsbedarf in diesem Feld gibt und weitere Untersuchungen interessante Erkenntnisse für die globale Sicherheitsarchitektur im Allgemeinen sowie die Verbindung zwischen Vertragswerken und praktischen Interventionen im Besonderen liefern können.

11. Literaturverzeichnis

Adibe, Clement 2003: Do Regional Organizations Matter? Comparing the Conflict Management Mechanisms in West Africa and the Great Lakes Region, in: Boulden, Jane (Hrsg.): Dealing with Conflict in Africa: The United Nations and Regional Organizations, New York, 79–108.

Agba, George/Odoh, Innocent 2011: Côte d'Ivoire: Ecowas Urges UN to Remove Gbagbo by Force, allAfrica (25.03.2011), unter: http://allafrica.com/stories/201103250175.html, 20.02.2012.

Aggad, Faten 2007: New Regionalism as an Approach to Cooperation in Africa. With Reference to NEPAD. (University of Pretoria), Pretoria.

Agubuzu, L.O.C. 2004: From the OAU to the AU: The Challenge of African Unity and Development in the 21st Century (Public Lecture Delivered at the Nigerian Institute of International Affairs, August).

Ajulu, Rok 2007: Kenya: Poll management terrible (Interview), Africa News (29.12.2007), unter: http://www.africanews.com/site/Kenya_Poll_management_terrible_observer/list_messages/14234, 14.02.2012.

Ake, Claude 2003: The Feasibility of Democracy in Africa, Oxford.

Alagappa, Muthiah 1997: Regional institutions, the UN and international security: a framework for analysis, in: Third World Quarterly 18:3, 421-441.

allWestAfrica 2011: Côte d'Ivoire: Ghana Breaks Ranks With ECOWAS, allWestAfrica (11.01.2011), unter: http://www.allwestafrica.com/110120118159.html, 20.02.2012.

Amnesty International 2008: The State of the World's Human Rights (Amnesty International Report 2008), London.

Ancas, Sarah 2011: The effectiveness of regional peace-making in Southern Africa. Problematising the United Nations - African Union - SADC relationship. (University of Cape Town), Cape Town.

Aning, Kwesi/Bah, Sarjoh 2009: ECOWAS and Conflict Prevention in West Africa. Confronting the Triple Threats (Center on International Cooperation), New York.

Army Logistics University 2012: Kenya (Country Notes AFRICOM - Kenya), unter: http://www.almc.army.mil/ALU_INTERNAT/CountryNotes/AFRICOM/KENYA.pdf, 16.02.2012.

Arrieta, Itziar 2011: The new African peace and security architecture: Evolution, opportunities and challenges (Konferenzbeitrag zur IPSA-ECPR Joint Conference), São Paulo.

Ashroft, Bill/Griffiths, Gareth/Tiffin, Helen 2000: Négritude, in: Ashroft, Bill/Griffiths, Gareth/Tiffin, Helen (Hrsg.): Post-Colonial Studies: The Key Concepts, London, 144-145.

Assensoh, A.B. 1998: African Political Leadership, Malabar.

AU 2012: AU in a nutshell, unter: http://www.au.int/en/about/nutshell, 05.02.2012.

AU 2010f: Election-Related Disputes and Political Violence. Strengthening the role of the African Union in preventing, managing, and resolving conflict, New York.

AU 2010e: African Peace and Security Architecture 2010 Assessment Study, Sansibar-Stadt.

AU 2010d: Statement of the African Union Observer Mission on the Presidential Election in Côte d'Ivoire on November 28, 2010, unter: http://regardscroises.ivoire-blog.com/media/02/01/2138736391.pdf, 20.02.2012.

AU 2010c: Press Statement of the 248th Meeting of the Peace and Security Council (PSC/PR/BR. (CCXLVIII)), Addis Abeba.

AU 2010b: Communique of the 246th Meeting of the Peace and Security Council (PSC/PR/Comm.1(CCXLVI)), Addis Abeba.

AU 2010a: Declaration of the Third Meeting of the Chief Executives of the African Union and the Regional Economic Communities/Regional Mechanisms for Conflict Prevention, Management and Resolution, Sansibar.

AU 2007b: Memorandum of Understanding on Cooperation in the Area of Peace and Security between the African Union, the Regional Economic Communities and the Coordinating Mechanisms of the Regional Standby Force of Eastern Africa and Northern Africa, Addis Abeba.

AU 2007a: African Charter on Democracy, Elections and Governance, Addis Abeba.

AU 2004: Solemn Declaration on a Common African Defense and Security Policy, Sirte.

AU 2003: Protocol on Amendments to the Constitutive Act of the African Union, Addis Abeba/Maputo.

AU 2002d: Election Observation and Monitoring Guidelines, Durban.

AU 2002c: Draft Guidelines for AU Electoral Observation and Monitoring Missions (version 2.0), 20.02.2002.

AU 2002b: OAU/AU Declaration on the Principles Governing Democratic Elections in Africa (AHG/Decisions 171-184(XXXVIII)), Durban.

AU 2002a: Protocol relating to the Establishment of the Peace and Security Council of the African Union, Durban.

AU 2000b: Lomé Declaration (AHG/Decl.2 (XXXVI)), Lomé.

AU 2000a: Constitutive Act of the African Union, Lomé.

Bailes, Alyson/Cottey, Andrew 2006: Regional security cooperation in the early 21st century, in: Swedish International Peace Research Institute (Hrsg.): Yearbook 2006. Armaments, Disarmament and International Security, Oxford, 196–223.

Barnett, Michael 1995: Partners in Peace? The UN, Regional Organizations, and Peace-Keeping, in: Review of International Studies 21:4, 411-433.

Basedau, Matthias/Erdmann, Gero/Mehler, Andreas (Hrsg.) 2007: Votes, Money and Violence. Political Parties and Elections in Sub-Saharan Africa, Scottsville.

Baxter, Pamela/Jack, Susan 2008: Qualitative Case Study Methodology: Study Design and Implementation for Novice Researchers, in: The Qualitative Report 13:4, 544-559.

BBC 2011b: Ivory Coast: Regional bank ally of Laurent Gbagbo quits, BBC (22.01.2011), unter: http://www.bbc.co.uk/news/world-africa-12260535, 21.02.2012.

BBC 2011a: Eritrea seeks to rejoin East African body Igad, BBC (02.08.2011), unter: http://www.bbc.co.uk/news/world-africa-14370257, 07.02.2012.

BBC 2007: Pre-election violence hits Kenya, BBC (05.12.2007), unter: http://news.bbc.co.uk/2/hi/africa/7129477.stm, 11.02.2012.

Bekoe, Dorina 2010: Trends in Electoral Violence in Sub-Saharan Africa (International Foundation for Election Systems Peacebrief No. 13), Washington, D.C.

Berg, Bruce 2001: Qualitative Research Methods for the Social Science, Boston

Berman, Eric/Sams, Katie 2000: Peacekeeping in Africa: Capabilities and Culpabilities (United Nations Institute for Disarmament Research), Genf.

Biegon, Japheth 2009: Electoral violence and fragility in Africa. drawing lessons from kenya's experience in the 2007/2008 post-election violence (Konferenzbeitrag für die Konferenz Financial Markets, Adverse Shocks and Coping Strategies in Fragile Countries), Accra.

Bittiger, Tim 2005: Election Observation in West Africa: The ECOWAS Experience, unter http://aceproject.org/today/feature-articles/election-observation-in-west-africa-the-ecowas-experience, 07.02.2012.

Bogaards, Matthijs 2007: Electoral Systems, Party System and Ethnicity in Africa, in: Basedau, Matthias/Erdmann, Gero/Mehler, Andreas (Hrsg.): Votes, Money and Violence. Political Parties and Elections in Sub-Sahara Africa, Scottsville, 168-193.

Bogland, Karin/Egnell, Robert/Lagerström, Maria 2008: The African Union. A Study Focusing on Conflict Management (Swedish Defense Research Agency), Stockholm.

Bouayad-Agha, Fatih/Krasulin, Boris 1995: Report in sharing Responsibilities in Peace-Keeping: The United Nations and Regional Organizations (UN Joint Inspection Unit Report), Genf.

Boulden, Jane (Hrsg.) 2003: Dealing with Conflict in Africa: The United Nations and Regional Organizations, New York.

Bratton, Michael/van de Walle, Nicolas 1997: Democratic Experiments in Africa: Regime Transitions in Comparative Perspective, Cambridge.

Büttner, Annette 2004: Wenn Chaos regiert – Staatszerfall in Entwicklungsländern: Ursachen, Folgen und Regulierungsmöglichkeiten (Konrad-Adenauer-Stiftung Arbeitspapier No. 125), Sankt Augustin.

Calhoun, Craig 1997: Nationalism, Buckingham.

CAPAM (Commonwealth Association for Public Administration and Management) 2010: Overview of Case Study Models and Methodologies, Ottawa.

Chabal, Patrick/Daloz, Jean-Pascal 1999: Africa Works: Disorder as Political Instrument, Bloomington.

Chaturvedi, Ashish 2005: Rigging elections with violence, in: Public Choice 125: 1-2, 189–202.

Cheeseman, Nic 2008: The Kenyan Elections of 2007: An Introduction, in: Journal of Eastern African Studies 2:2, 166-184.

Chiroro, Bertha 2008: Electoral Systems and Electoral Violence in the SADC Region, unter: http://www.africanreview.org/events/paxafrica2008/bchiroro.pdf, 12.1.2012.

Christiano, Tom 2006: Democracy, in: Stanford Encyclopedia of Philosophy, unter http://plato.stanford.edu/entries/democracy/, 24.01.2012.

Cliffe, Lionel 1999: Regional Dimension of Conflict in the Horn of Africa, in: Third World Quaterly 20:1, 89-111.

Collier, Paul 2009: Wars, Guns, and Violence: Democracy in dangerous places, New York.

Colorado State University 2010: Strengths of Case Studies, unter http://writing.colostate.edu/guides/research/casestudy/com4a1.cfm, 24.02.2012.

Deng, Francis 2000: Reconciling Sovereignty with Responsibility: A Basis for International Humanitarian Action, in: Harbeson, John/Rothschild, Donald (Hrsg.): Africa in World Politics – The African State System in Flux, Boulder, 353-378.

Dercon, Stefan 2008: Ethnicity and Violence in the 2007 Elections in Kenya (AfroBarometer Briefing Paper No. 48), Accra/Cotonou.

Dieterich, Johannes 2010: Angriff auf Kandidat der Opposition, Frankfurter Rundschau (01.12.2010), unter: http://www.fr-online.de/politik/angriff-auf-kandidat-der-opposition,1472596,4886786.html, 19.02.2012.

Dixon, Robyn 2010: Violence feared as Ivory Coast election results are reversed, Los Angeles
>Times (04.12.2010), unter: http://articles.latimes.com/2010/dec/04/world/la-fg-ivory-coast-20101204, 19.02.2012.

DTS 2010: Elfenbeinküste: UN.Botschafter warnt vor Völkermord, ad hoc news
>(30.12.2010), unter: http://www.ad-hoc-news.de/elfenbeinkueste-un-botschafter-warnt-vor-voelkermord--/de/News/21807490, 19.02.2012.

Dubbelman, Bradley 2009: Pre-election Report: Côte d'Ivoire, politiy.org.za (04.12.2009),
>unter: http://www.polity.org.za/article/pre-election-report-cote-divoire-2009-12-04, 19.02.2012.

EAC 2010: EAC Develops Draft Conflict Prevention, Management and Resolution (CPMR)
>Framework (Pressemitteilung), unter: http://www.eac.int/about-eac/eacnews/368-press-release-eac-develops-a-draft-conflict-prevention-management-and-resolution-cpmr-framework.html, 09.02.2012.

EAC 2006: Strategy for Regional Peace and Security in East Africa, Arusha.

EAC 1999: Treaty for the Establishment of the East African Community, Arusha.

Economic Commission for Africa/African Union 2006: Assessing Regional Integration in
>Africa II. Rationalizing Regional Economic Communities, Addis Abeba.

ECOWAS 2010b: Déclaration de la CEDEAO sur les èvènements en Côte d'Ivoire, African
>Press Organization (02.12.2010), unter: http://appablog.wordpress.com/2010/12/02/declaration-de-la-cedeao-sur-les-evenements-en-cote-divoire/, 20.02.2012.

ECOWAS 2010a: The 31st October 2010 Presidential Election in Cote d'Ivoire Was Held in a
>Peaceful Environment, allafrica (01.11.2010), unter: http://allafrica.com/stories/201011230775.html, 19.02.2012.

ECOWAS 2008: The ECOWAS Conflict Prevention Framework (MSC/REG. 1/01/08),
>Ouagadougou.

ECOWAS 2005: Lessons from ECOWAS Peacekeeping Operations: 1990-2004 (ECOWAS
>Workshop Report), Accra.

ECOWAS 2001: Protocol on Democracy and Good Governance Supplementary to the
>Protocol relating to the Mechanism for Conflict Prevention, Management, Resolution, Peacekeeping and Security (A/SP1/12/01), Dakar.

ECOWAS 1999: Protocol Relating to the Mechanism for Conflict Prevention, Management,
>Resolution, Peace-keeping and Security, Lomé.

ECOWAS 1975: Treaty of ECOWAS, Lagos.

EISA 2010b: when elections become a curse (Electoral Institute of Southern Africa Policy
>Brief 1), Johannesburg.

EISA 2010a: Preventing and Managing Violent Election-Related Conflicts in Africa. Exploring Good Practices (Electoral Institute of Southern Africa Conference Proceedings Report), Johannesburg.

Elgström, Ole/Bercovitch, Jacob/Skau, Carl 2003: Regional Organisations and International Mediation. The Effectiveness of Insider Mediators, in: African Journal on Conflict Resolution 3: 1, 11–27.

Erdmann, Gero/Basedau, Matthias/ Mehler, Andreas 2007: Introduction - Research on Electoral Systems, Parties and Party Systems in Africa, in: , Matthias/Erdmann, Gero/Mehler, Andreas (Hrsg.): Votes, Money and Violence. Political Parties and Elections in Sub-Sahara Africa, Scottsville, 7-20.

Erikkson, Mikael 2010: Supporting Democracy in Africa. African Union's use of Targeted Sanctions to deal with Unconstitutional Changes of Governance (Swedish Defense Research Agency), Stockholm.

Essuman-Johnson, A. 2009: Regional conflict resolution mechanisms. A comparative analysis of two African security complexes, in: African Journal of Political Science and International Relations 3: 10, 409–422.

EU 2010: Statement by EU High Representative Catherine Ashton on the second rounf of presidential elections in Côte d'Ivoire, African Press Organization (01.12.2010), unter: http://appablog.wordpress.com/2010/12/01/statement-by-eu-high-representative-catherine-ashton-on-the-second-round-of-presidential-elections-in-cote-d'ivoire/, 20.02.2012.

Fanon, Frantz 1986: black skin white masks, London.

Fischer, Jeff 2002: Electoral Conflict and Violence. A Strategy for Studying and Prevention. (International Foundation for Electoral Systems White Paper No. 1), Washington, D.C.

Flyvbjerg, Bent 2006: Five Misunderstandings About Case-Study Research, in: Qualitative Inquiry 12:2, 219-245.

Fomunyoh, Chris 2009: Mediating Election-Related Conflicts (Centre for Humanitarian Dialogue Background Paper), Genf.

France24 2010: Stand down or face ‚legitimate force', ECOWAS tells Gbagbo, France24 (24.12.2010), unter: http://www.france24.com/en/20101224-ivory-coast-ecowas-gbagbo-stand-down-or-face-legitimate-force-election, 20.02.2012.

Franke, Benedikt 2007: Competing Regionalism in Africa and the Continent's Emerging Security Architecture, in: African Studies Quarterly 9: 3, 31–64.

Franke, Benedikt 2006: In Defense of Regional Peace Operations in Africa, in: The Journal of Humanitarian Assistance 12: Februar, 1–14.

Gänzle, Stefan/Franke, Benedikt 2010: African Developments: Continental Conflict Management – a glass half full or half empty? (German Development Institute Briefing Paper No. 7).

Gërxhani, Klarita/Schram, Arthur 2009: Clientelism and polarized voting: empirical evidence. In: Public Choice 141, 305-317.

Ghebremeskel, Adane 2002: Regional Approach to Conflict Management Revisited. The Somali Experience, in: The Online Journal of Peace and Conflict Resolution 4: 2, 9–29.

Gurr, Ted 1970: Why men rebel, Princeton.

Guyson, Nangayi 2011: Two suddenness governments denied entry to EAC (Pressemitteilung), unter: http://www.africanews.com/site/list_message/36452, 10.02.2012.

Gymiah-Boadi, Emmanuel 2007: Political Parties, Elections and Patronage. Random Thoughts on Neo-Patrimonialism and African Democratization, in: Basedau, Matthias/Erdmann, Gero/Mehler, Andreas (Hrsg.): Votes, Money and Violence. Political Parties and Elections in Sub-Sahara Africa, Scottsville, 21-33.

Gyimah-Boadi, Emmanuel 2004: Democratic Reform in Africa: The Quality of Progress, Boulder.

Hansen, Holley/McLaughlin Mitchell, Sara/Nemeth, Stephen 2006: Mediating Interstate Conflicts. Regional vs. Global International Organizations. (University of Iowa), Iowa.

Hettne, Björn/Inotai, András 1994: The New Regionalism:. Implications for Global development and International Security (World Institute for Development Economics Research), Helsinki.

Hlongwane, Sipho 2011: As AU mediation nears, Côte d'Ivoire's future could be in Zuma's hands, Daily Maverick (19.02.2011), unter: http://dailymaverick.co.za/article/2011-02-19-as-au-mediation-nears-cte-divoires-future-could-be-in-zumas-hands, 20.02.2012.

Höglund, Kristine/Jarstad, Anna 2010: Strategies to prevent and manage electoral violence. Considerations for policy (The African Centre For The Constructive Resolution of Disputes Policy and Practice Brief No. 1), Umhlanga Rocks.

Höglund, Kristine 2009: Electoral Violence in Conflict-Ridden Societies: Concepts, Causes, and Consequences, in: Terrorism and Political Violence 21:3, 412-427.

Howe, Stephen 1998: Afrocentrism: Mythical Pasts and Imagined Homes, London.

IGAD 2010: About the Prace and Security Division - Conflict Prevention, Management and Resolution, unter: http://igad.int/index.php?option=com_content&view=article&id=97&Itemid=148&limitstart=1, 10.02.2012.

IGAD 2005: Conference to Launch an IGAD Strategy on Peace and Security - Consensus Document and Way Ahead, Khartum.

IGAD 2002: Protocol on the Establishment of a Conflict Early Warning and Response Mechanism for IGAD Member States, Khartum.

IGAD 1996: Agreement establishing the Inter-Governmental Authority on Development (IGAD) (IGAD/SUM-96/AGRE-Doc), Nairobi.

Independent Review Commission 2008: An Analyses of the Constitutional and Legal Framework for the Conduct of Elections in Kenya, Nairobi.

ISS 1997: Strategic Survey 1996/97, London.

Jackson, Richard 2000: The Dangers of Regionalising International Conflict Management. the African Experience, in: Political Science 52: 1, 41–60.

Jeune Afrique 2011: Côte d'Ivoire: Gbagbo perd le „soutien" de l'Afrique du Sud, le G8 la pression, Jeune Afrique (15.03.2011), unter: http://www.jeuneafrique.com/Article/ARTJAWEB20110315180006/, 20.02.2012.

Johanson, Rolf 2003: Case Study Methodology (Konferenzbeitrag zu Methodologies in Housing Research, 22-24.12.2003), Stockholm.

John, Mark 2011: Ivory Coast poll winner named, army seals borders, reuters (02.12.2010), unter: http://af.reuters.com/article/worldNews/idAFTRE6B13FN20101202?pageNumber=4&virtualBrandChannel=0, 21.02.2012.

Johnson, Dominic 2010: Tote und Kriegsangst in Abidjan, die Tageszeitung (02.12.2010), unter http://www.taz.de/!62189/, 19.02.2012.

Joseph, Richard 1999:Africa, 1990–1997: From Abertura to Closure, in: Diamond, Larry/Plattner, Marc (Hrsg.): Democratization in Africa, Baltimore, 3-17.

Justino, Patricia 2008: Poverty and Violent Conflict: A Micro-Level Perspective on the Causes and Duration of Warfare (MICROCON Research Working Paper No. 6), Brighton.

Juma, Monica 2009: African Mediation of the Kenyan post-2007 Election Crisis, in: Journal of Contemporary African Studies 27:3, 407-430.

Kaldor, Mary 2000: Neue und alte Kriege, Frankfurt am Main.

Kanyongolo, Edge/Lunn, Jon 1998: Kenya. Post-election political violence (Article XIX, the Global Campaign for Free Expression Report), London.

Karns, Margaret/Mingst, Karen 2004: Internationale Organizations: The Politics and Processes of Global Governance, Boulder.

KEDOF 2007: Preliminary Press Statement and Verdict of 2007 Kenya's General Elections. Kenya Elections Domestic Observation Forum Press Statement.

Kenya Environental and Political News Weblog (KepW) 2007: Kenya Pre-Election Violence Results in Humanitarian Crisis, unter: http://kenvironews.wordpress.com/2007/12/10/kenya-pre-election-violence-results-in-humanitarian-crisis/, 15.02.2012.

Kenya National Commission on Human Rights 2008: A Human Rights Account of Kenya's Post-2007 Election Violence, Nairobi.

Kenyans for Peace with Truth and Justice 2008: Countdown to deception: 30 hours that destroyed Kenya, AfricaFiles (21.01.2008), unter: http://www.africafiles.org/article.asp?ID=17016, 15.02.2012.

Khadiagala, Gilbert 2009: Regionalism and conflict resolution: Lessons from the Kenyan crisis, in: Journal of Contemporary African Studies 27:3, 431-444.

Kleines Politisches Wörterbuch 1967, Berlin.

Kühne, Winrich 2000: Humanitäre Konfliktlagen in der globalisierten Welt und die Notwendigkeit zur Fortentwicklung des Völkerrechts, in: Menzel, Ulrich (Hrsg.): Vom Ewigen Frieden und vom Wohlstand der Nationen. Dieter Senghaas zum 60. Geburtstag. Frankfurt, 291-319.

Kumar, Manoi 2009: The African Union and it's Initiatives for Unity, Development and Peace in Africa. (University of Mumbai Working Paper No. 7), Mumbai.

Laakso, Liisa 2007: Insights into Electoral Violence in Africa, in: Basedau, Matthias/Erdmann, Gero/Mehler, Andreas (Hrsg.): Votes, Money and Violence: Political Parties and Elections in Sub-Sahara Africa, Scottsville, 224-252.

Lund, Michael 2002: Preventing Violent Intrastate Conflicts. Learning lessons from experience, in: van Tongeren, Paul/van de Veen, Hans/Verhoeven, Juliette (Hrsg.): Searching for Peace in Europe ans Eurasia. An Overview of Conflict Prevention and Peacebuilding Activities, Boulder, 116–138.

Lund, Michael 1997: Preventing and Mitigating Violent Conflicts: A Revised Guide for Practitioners, Washington.

Lynch, Colum/Branigin, William 2011: Ivory Coast strongman arrested after French forces intervene, the washington post (11.04.2011), unter: http://www.washingtonpost.com/world/ivory-coast-strongman-arrested-after-french-forces-intervene/2011/04/11/AFOBaeKD_story.html, 21.02.2012.

Mackenzie, John 1906: The Dangers of Democracy, in: International Journal of Ethics 16:2, 129-145.

Manby, Bronwen 2009: Struggles for citizenship in Africa, London.

Mathenge, Oliver 2012: Kenya: Judges - How Uhuru Bankrolled Violence, allAfrica (25.01.2012), unter: http://allafrica.com/stories/201201251285.html, 15.02.2012.

Mazrui, Ali 1977: Africa's International Relations: The Diplomacy of Dependency and Change, Boulder.

Meyer, Angela 2008: Regional Integration and Security in Central Africa. Assessment and Perspectives 10 Years after the Revival (EGMONT Royal Institute for International Relations Paper No. 25), Brüssel.

Mill, John Stuart 1972: Representative Government, in: Acton, Harry (Hrsg.): John Stuart Mill: Utilitarianism, Liberty, Representative Government, London.

Møller, Bjørn 2005: The Pros and Cons of Subsidiarity. The Role of African Regional and Subregional Organisations in Ensuring Peace and Security in Africa (Danish Institute for International Studies Working Paper No. 4), Kopenhagen.

MSNBC 2008: Tribal gangs clash in Kenyan city, MSNBC (25.01.2008), unter: http://www.msnbc.msn.com/id/22842413/ns/world_news-africa/t/tribal-gangs-clash-kenyan-city/, 15.02.2012.

Muna, B.A 2006: The Challenge of Democracy in Africa. establishing democracy in multi-ethnic and multi-tribal societies (Summary), Jaunde.

Mutisi, Martha 2010: Peace Implementation in the Post-2005 Era. Lessons from four Peace Agreements in Africa (The African Centre For The Constructive Resolution Of Disputes Policy and Practice Brief No. 10), Umhlanga Rocks.

Nathan, Laurie 2010: The African Union and regional organisations in Africa: communities of insecurity, in: African Security Review 19:2, 106-113.

Newstime Africa 2011: ECOWAS slams AU mediators over Ivory Coast mission, Newstime Africa (22.02.2011), unter: http://www.newstimeafrica.com/archives/16384, 20.02.2012.

Nhara, William 1998: Conflict Management and Peace Operations: The Role of the Organisation of African Unity and Subregional Organisations, in: Malan, Mark (Hrsg.): Resolute Partners: Building Peacekeeping Capacity in Southern Africa (Institute for Security Studies Monograph Series No. 21), Pretoria.

Nibishaka, Emmanuel 2011: Electoral crisis in Ivory Coast. Implications of South African Response (Rosa Luxemburg Stiftung Internationa Politica No. 01), Johannesburg.

Nkrumah, Kwame 1958: Schwarze Fanfare, München.

OAU 2002: The New Partnership for Africa's Development Declaration on Democracy, Political, Economic and Corporate Governance, Durban.

OAU 1995: Relaunching Africa's Economic and Social Development: The Cairo Agenda for Action (AHG/Res. 236 (XXXI)), Kairo.

OAU 1990: Declaration on the Political and Socio-Economic situation in Africa and the fundamental changes taking place in the world (AHG/Decl.1 (XXVI)), Addis Abeba.

OAU 1981: African Charter on Human and Peoples' Rights (OAU Doc. CAB/LEG/67/3 rev. 5, 21 I.L.M. 58), Banjul.

Ojielo, Ozonnia 2009: Prevention of Electoral Violence (United Nations Development Programme Crisis Prevention and Recovery Newsletter No. 1), New York.

Okubo, Yufnalis 2010: Peace and Security Situation in the IGAD Region (Rede vor der UN), New York.

Omotola, Shola 2010: Globalization, New Regionalism and the Challenge of Development in Africa, in: Africana 3: June, 103–136.

Ospina, Sonia 2004: Qualitative Research, in: Goethals, George/Sorenson, Georgia/MacGregor, James (Hrsg.): Encyclopedia of Leadership, Thousand Oaks, 1279-1284.

Oyejide, Ademola 2000: Policies for Regional Integration in Africa (African Development Bank Economic Research Papers No. 62), Abidjan.

Pan African Parliament 2008: Statement of the Election Observer Mission to Kenya's General Election Held on the 27th December, 2007, Midrand.

Pease, Kelly-Kate 2008: International Organizations - Perspectives on Governance in the Twenty-First Century, Upper Saddle River.

Peattie, Lisa 2001: Theorizing planning: Some comments on Flyvbjerg's Rationality and power, in: Internationale Planning Studies 6:3, 257-262.

Peter, Ingo 1997: Von der KSZE zur OSZE: Überleben in der Nische kooperativer Sicherheit,
in: Haftendorn, Helga/Keck, Otto (Hrsg.): Kooperation jenseits von Hegemonie und Bedrohung. Sicherheitsinstitutionen in den internationalen Beziehungen, Baden-Baden, 57-100.

Piccolino, Giulia 2010: Mediation, Local Response and the Limits of International Engagement in Cote d'Ivoire. (Universita degli Studi di Firenze), Florenz.

Prunier, Gérard 2009: Africa's World War - Congo, the Rwandan Genocide, and the Making of a Continental Catastrophe, Oxford.

Quayat, David 2009: The United Nations and Regional Organizations. A New Paradigm for Peace? (University of Calgary), Calgary.

Reilly, Benjamin 2002: Post-Conflict Elections: Constraints and Dangers, in: International Peacekeeping 9:2, 118-139.
Reuters 2010: Unruhen an der Elfenbeinküste, die Zeit (04.12.2010), unter: http://www.africa-union.org/root/ar/index/Final_communique%20on%20Côte%20d'Ivoire%20_Eng_.pdf, 19.02.2012.

Rheault, Magali/Tortora, Bob 2007: Ahead of Kenya's Election, Top Candidates Virtually Tied, GallupWorld (17.12.2007), unter: http://www.gallup.com/poll/103306/ahead-kenyas-election-top-candidates-virtually-tied.aspx, 15.02.2012.

Rittberger, Volker/Zangl, Bernard 2006: International Organization. Polity and Policies, Houndmills.

Rugumamu, Severine 2009: Does the UN Peacebuilding Commission Change the Mode of Peacebuilding in Africa? (Friedrich Ebert Stiftung UN Peacebuilding Commission in Africa Briefing Paper No. 8), New York.

Schmidt, Manfred 2000: Demokratietheorien, 3. Überarbeitete und erweiterte Auflage, Opladen.

Schreuer, Christoph 1995: Regionalism vs. Universalism, in: European Journal of International Law 6: 1, 477–499.

Schwartz, Roland 2001: Political and Electoral Violence in East Africa (Friedrich Ebert Stiftung Working Papers on Conflict Management No. 2), Nairobi.

Servant, Jean-Christophe 2009: Kenianisches Fieber, in: Le Monde diplomatique: Afrika. Stolz und Vorurteil (Le Monde diplomatique Edition No. 5), Berlin, 83-85.

Shams, Rasul 2003: Regional Integration in Developing Countries. Some Lessons Based on Case Studies (Hamburgisches Welt-Wirtschafts-Archiv Discussion Paper No. 251), Hamburg.

Sisk, Timothy/Spies, Chris 2009: Elections and Conflict Prevention. A Guide to Analysis, Planning and Programming (United Nations Development Programme), Oslo.

Smith, David 2011: Ivory Coast: UN's intervention broke the impasse, the guardian (05.04.2011), unter: http://www.guardian.co.uk/world/2011/apr/05/ivory-coast-un-intervention, 21.02.2012.

Snyder, Jack 2000: From Voting to Violence: Democratization and Nationalist Conflict, New York.

Sperling, Sebastian 2011: ECOWAS in crisis mode : strengths and limits of regional security policy in West Africa (Friedrich Ebert Stiftung Perspective), Berlin.

Stadtmüller, Elzbieta 2005: Regional Dimensions of Security, in: Farrell, Mary/Hettne, Björn/Van Langenhove, Luk (Hrsg.): Global Politics of Regionalism. Theory and Practice. London, 104-119.

Stearns, Scott 2010: Curfew to Follow Sunday Vote in Ivory Coast, Voice of America (26.11.2010), unter: http://www.voanews.com/english/news/Curfew-to-Follow-Sunday-Vote-in-Ivory-Coast--110809204.html, 19.02.2012.

Stiglitz, Joseph 2005: Die schädliche Arithmetik des IWF, in: Le Monde diplomatique: Afrika. Stolz und Vorurteil (Le Monde diplomatique Edition No. 5), Berlin, 39-41.

Stiglitz, Joseph 2004: Die Schatten der Globalisierung, München.

Stremlau, Nicole/Price, Monroe 2009: Media, Elections and Political Violence in Eastern Africa: Towards a Comparative Framework (Annenberg-Oxford Occasional Paper), Oxford/Annenberg.

Swanström, Niklas/Weissmann, Mikael 2005: Conflict, Conflict Prevention, Conflict Management and Beyond. a conceptual exploration (Central Asia-Caucasus Institute Concept Paper), Washington, D.C./ Uppsala.

Tagesschau 2011: Ouattara als Präsident der Elfenbeinküste vereidigt, Tagesschau (21.05.2011), unter: http://www.tagesschau.de/ausland/elfenbeinkueste360.html, 20.02.2012.

Takeuchi, Schin'ichi 2007: Political Liberalization or Armed Conflict? Political Changes in Post-Cold War Africa, in: The Developing Economies XLV:2, 172-193.

Tieku, Thomas 2011: Lessons learned from mediation by an African regional Organization (Konferenzbeitrag beim BISA Africa and International Studies Working Group seminar on Peace, Conflict and Intervention), Birmingham.

Tiruneh, Birikit Terefe 2010: Establishing an Early Warning System in the African Peace and Security Architecture: Challenges and Prospects (KAIPTC Occasional Paper No. 29), Accra.

UN 2011: The role of regional and sub-regional arrangements in implementing the responsibility to protect (A/65/877–S/2011/393), 27.06.2011.

UN 2010b: UN Security Council Press Statement on Elections in Côte d'Ivoire, African Press Organization (29.11.2010), unter: http://appablog.wordpress.com/2010/11/29/un-security-council-press-statement-on-elections-in-cote-d'ivoire/, 20.02.2012.

UN 2010a: Fact Sheet on Cote d'Ivoire Presidential Elections 31 October - 28 November 2010, New York.

UN 1998: Resolution 1197 (S/RES/1197), 18.09.1998.

UN 1995: Supplement to An Agenda for Peace: Position Paper of the Secretary-General on the Occasion of the Fiftieth Anniversary of the United Nations (A/50/60, S/1995/1), 25.01.1995.

UN 1994: Note by the President of the Security Council (S/25859), 28.05.1993.

UN 1992: An Agenda for Peace, Preventive Diplomacy, Peacemaking and Peace-Keeping (A/47/277 - S/24111), 17.06.1992.

UN 1945: Charter of the United Nations, San Francisco.

UN News Centre 2010: Côte d'Ivoire: UN steps up diplomacy in support of opposition presidential victor, UN News Centre (07.12.2010), unter: http://www.un.org/apps/news/story.asp?NewsID=36981&Cr=ivoire&Cr1=, 21.02.2012.

US Department of State 2010: Déclaration de la secrétaire d'État Hiialry Rodham Clinton, African Press Organization (02.12.2010), unter: http://appablog.wordpress.com/2010/12/02/declaration-de-la-secretaire-detat-hillary-clinton-sur-les-elections-ivoiriennes/, 20.02.2012.

van de Walle 2000: Africa and the World Economy: Continued Marginalization or Re-engagement?, in: Harbeson, John/Rothschild, Donald (Hrsg.): Africa in World Politics – The African State System in Flux, Boulder, 263-285.

Verstegen, Suzanne 2001: Poverty and Conflict: An Entitlement Perspective (Conflict Prevention Network Briefing Paper), Brüssel.

WANEP 2011: Annual Report 2010, Accra.

Weiffen, Britta 2010: Regional Organizations and Conflict Resolution. The example of the Organization of American States (Konferenzbeitrag zur SGIR 7th Pan-European International Relations Conference), Stockholm.

Williams, Paul 2008: Keeping the Peace in Africa. Why 'African' Solutions are not enough, in: Ethics & International Affairs 22: 3, 309–329.

Wulf, Herbert (Hrsg.) 2009: Still Under Construction. Regional Organisations' Capacities for Conflict Prevention (Institute for Development and Peace Report No. 97), Duisburg.

Young, Crawford 2000: The Heritage of Colonialism, in: Harbeson, John/Rothchild, Donald (Hrsg.): Africa in World Politics - The African State System in Flux, Oxford.

Zounmenou, David 2011a: Côte d'Ivoire's post-electoral conflict: what is at stake?, in: African Security Review 20: 1, 48–55.

Zounmenou, David 2011b: Elections, Political Reform and the Security Sector. Influence of the Military in Determing Political Outcomes: The Experience of Cote d'Ivoire (Institute for a democratic Alternative for Zimbabwe), Harare.

12. Anhang

Anhang 1: ausgewählte Mitgliedschaften afrikanischer Staaten in (sub-)regionalen Organisationen

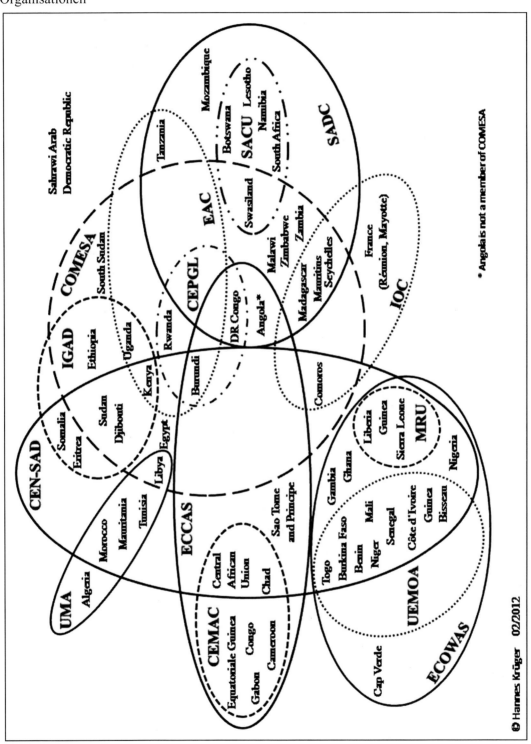

Anhang 2: Die Friedens- und Sicherheitsarchitektur der AU

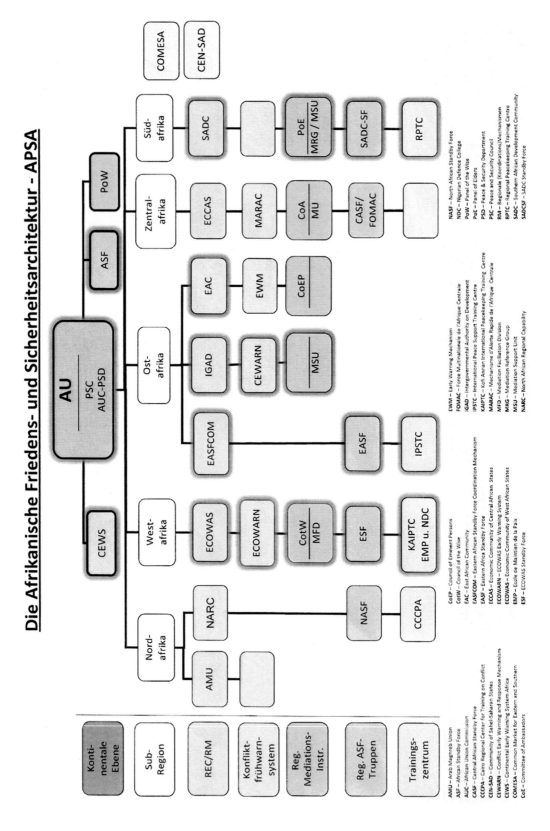

Anhang 3: Die fünf Regionen der Afrikanischen Union (Stand 6/2011)

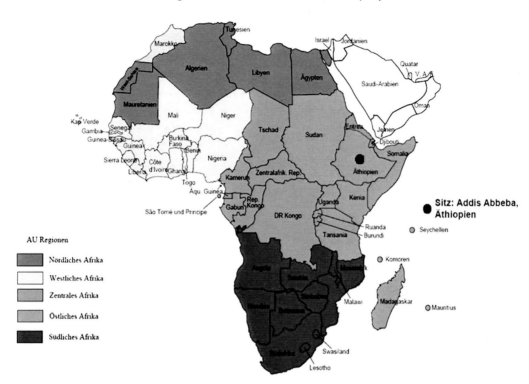

Anhang 4: Die Struktur des AU Peace and Security Councils

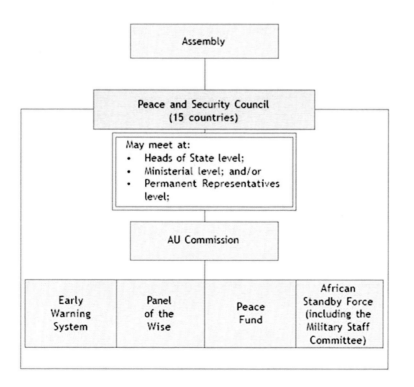

Anhang 5: ECOWAS

Anhang 6: EAC

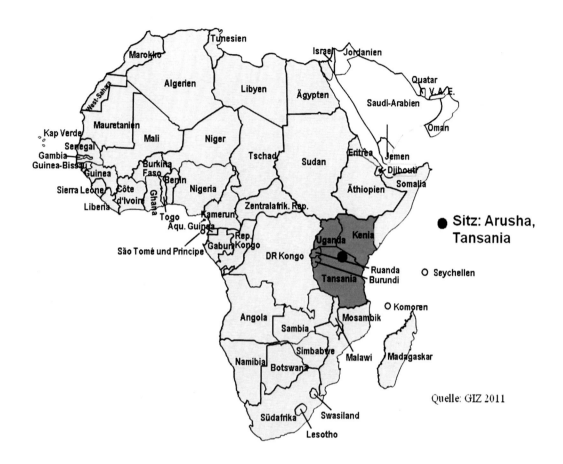

Anhang 7: IGAD

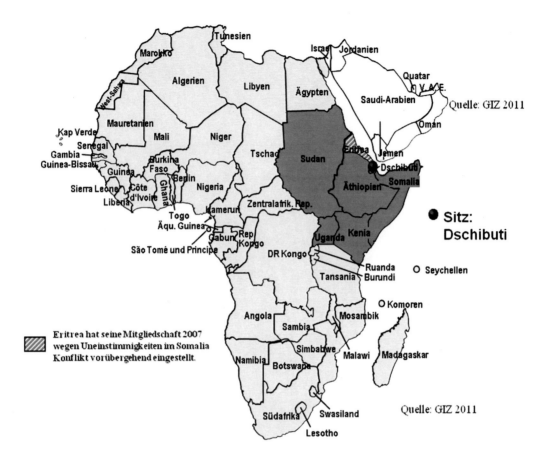

Datum	Konfliktverlauf	Akteur	Maßnahmen/Mandat, Umfang	Ergebnisse
22.12.2007		AU	Election Observer Mission des AU Pan-afrikanischen Parlamentes trifft ein	
25.12.2007		EAC	Election Observer Mission trifft ein	
29.12.2007	Die Zwischenauszählung gibt ODM klare Führung, diese schrumpft aber immer weiter, bis am 30. dann die PNU als Gewinner verkündet wird			
30.12.2007	Verkündung der Wahlergebnisse			3 Arten von Gewalt brachen aus: spontane, nicht organisierte Proteste, die mitunter in gewalt umschlugen; organisierte militias attackierten anhänger gegnerischer parteien; polizei reagierte unproportional heftig auf proteste (Erschießungen)
30.12.2007	Uganda, Burundi, Ost-Kongo, Ruanda und Südsudan von unterbrochenen Versorgungslinien durch Kenia direkt betroffen	EAC	Museveni (Uganda) gratuliert Kibaki und fragt an, ob EAC helfen könne	durch die Gleichzeitige Präsenz von 3000 ugandischen Soldaten in der Grenzregion mit Kenia sowie der voreiligen Gratulation von Museveni an Kibaki ist ersterer nicht tragbar für Mediationen und damit auch EAC
		lokale Akteure	versuch von Mediation (Concerned Citizens for Peace)	scheitert, da lokale Akteure zu wenig Gewicht und die Positionen der Parteien zu weit auseinander liegen. Unter Führung von Lokalen World Bank Menschen kam es zum zusammenschuss kenianischer geschäftsmänner (stock exchange, flower shops etc)
02.01.2008	"I do not know whether Kibaki won the election" (Ongiri, 2008). Kivuitu also revealed that he was put under pressure by "some PNU and ODM-Kenya leaders" by calling him frequently and asking to announce the results immediately.	AU / USA / GB	Rice, Miliband und AU rufen auf, ethnische Gewalt zu beenden und einen Kompromiss zu finden	
03.01.2008		AACC	Tutu beginnt Mediation als erster externer Mediator als Vertreter der All-Africa Conference of Churches	in der Anfangsphase stellt er erste Kommunikationskanäle zwischen den Parteien auf, bevor Gewalt tiefere Gräben zog. Verhandlungen scheitern jedoch, da Kibaki erst Ruhe im Land haben will, Tutu reist am 04.01. wieder ab
04.01.2008	the opposition party supporters went on an unprecedented level of 'orgy of violence' which lead to counter attacks and 'revenge killings' (Dercon 2010)	USA	assistant secretary of the state for african affairs FRASER, beginnt Gespräche mit Konfliktparteien	nach 10 Tagen ohne Ergebnis warnt er, dass USA "will find an international mechanism if they can't find it internally" (Khadiagala p. 438)

Datum		Akteur	Ereignis	Ergebnis/Bewertung
6.1.2008	Die Parteien wollen keine "westlich" geführte Mediation, sehen aber Verhandlungen als Lösung	Kenia/ AU	Kibaki fragt bei AU an, die Krise zu lösen. Nicht-afrikanische Mediation sei nicht willkommen	Verhandlungen durch den Commonwealth, die Weltbank und Abgesandte von USA und GB zeigen den möglichen Erfolg von Shuttle Diplomacy, bringen aber kein weiterführendes Ergebnis. Die AU wird daher als notwendigerweise schlichtender Akteur angesehen
08.01.2008		AU	mediation startet Chairman of AU John Kufuor (ghana) proposed document "Principles of Agreement) (investigation, power sharing)	wird von PNU abgelehnt, Kufuor übergibt Mediation an Panel of Eminent African Personalities (unter Führung von (UN) Kofi Annan)
09.01.2008		USA	Fraser bestätigt die USA solidarisch mit Kufours Verhandlungen	
08.1.-11.1.2008	Keine Einigung der Parteien in Sicht, USA schicken Diplomaten, bezeugen Wichtigkeit einer zügigen und friedlichen Lösung	AU	Chairman Kufuor (Ghana) versucht direkte Gespräche zu organisieren, ein Grundsatzdokument wird erarbeitet	Nur teilweise erfolgreich, da das Dokument zu früh an die Öffentlichkeit gelangt, beide Parteien die Existenz bestreiten und bei ihren Positionen verharren. Aber über eine weitere Mediation durch das Panel of African Eminent Personalities (PoAEP) sind sich die Parteien einig
19.01.2008		EAC	Museveni unternimmt erneuten Versuch zur Schlichtung	Da parallel das PoAEP die Verhandlungen laufen, wird Museveni von ODM zurückgewiesen und übergibt am 24.01. offiziell an Annan
24.01.2008	nationale Medienkampagne wird gestartet, in der ODM die Schuld für weitere Krise gegeben wird ("Touristen bleiben aus, ODM, stoppe deine Aktionen")	AU	PoEAP beginnt Kenya National Dialogue and Reconciliation Process	es finden regelmäßige Treffen zwischen den Verhandlungsteams statt, am 13.2. beginnt die Verhandlung über die politische Krise, ergebnislos. Insbesondere PNU (Kibaki) spielt auf Zeit. Annan trifft sich mit allen wesentlichen stakeholdern und bezieht sie im verlauf der verhandlungen regelmäßig mit ein
28.01.2008		AU PSC	Treffen auf Ministerialebene, um Krise zu besprechen	verurteilt die Menschenrechtsverletzungen deutlich und fordert Kommission auf, weiter über Gewalt zu berichten
29.01.2008		EU	Statement, dass Wahl nicht regulär verlief und fordert Parteien zur Neuwahl auf	
30.01.2008		USA	streicht bis auf weiteres sämtliche finanzielle Unterstützung für das Land (540 Mio $)	
31.01.2008		AU	Assembly trifft sich und bespricht Kenia	Kibaki hält Reden vor IGAD und AU, AU Organe werden von Odinga aufgerufen, die Kibaki Regierung nicht anzuerkennen
31.01.2008		Ruanda	Kagame ruft das kenianische Militär auf, die Krise und damit die Macht in die Hand zu nehmen	keine offizielle Reaktion
06.02.2008		AU	gratuliert den Parteien zur Bereitwilligkeit, zu verhandeln	
07.02.2008		lokale Akteure	Kenyans for Peace with Truth and Justice (30 CSO) unterstützen Annan Initiative	sehr erfolgreich, da es dem Prozess kenianische Ownership gibt, zahlreiche lokale Projekte und Mediationen helfen, die aggressive Stimmung im Land abzubauen

Datum	Konfliktverlauf		Maßnahmen / Mandat, Umfang	Ergebnisse
08.02.2008		IGAD	ministerielle Fact-finding Mission kommt in Kenia an	Die Initiative unter Annan wird unterstützt. Der kenianische Kandidat wird als Vorsitzender des Sekretariats gewählt, umfassende Sanktion sind so nicht mehr möglich
18.02.2008		USA	US Secretary of State Rice trifft sich mit Annan, Kibaki und Odinga	offizielles Statement durch US, die Verhandlungen zu unterstützen
26.02.2008		AU	Annan erklärt Beendigung der Verhandlungen zwischen den Teams, direkte Verhandlungen zwischen Odinga und Kibaki sollen zum Ziel führen	Teilnehmer: Annan, Odinga, Kibaki, Mkapa und Kikwete (Präsi Tansania); am 28., nach einem Monat Verhandlungen wird der National Accord and Reconciliation Act unterzeichnet, u.a. wird das Amt des Premierministers eingeführt

PoAEP: Kofi Annan, Benjamin Mkapa (ex Tansania präsi), Graca Machel (frau von ex Mosambik Präsi). Unterstützt von 2 Menschen von Humanitarian Dialogue als technische Berater. Alternative Mediationsprozesse sollten nicht stattfinden (Annan), zudem bestand das Panel nur aus afrikanischen hohen Persönlichkeiten, jedoch keiner davon aus Kenia

☐ allgemeine Informationen
▦ Intervention afrikanischer (sub-)regionaler Organisationen
▨ Intervention afrikanischer nicht-regionaler Akteure
▩ Intervention nicht-afrikanischer Akteure

Anhang 9: Zusammenfassung der wesentlichen Konfliktinterventionen in Côte d'Ivoire 10/2010- 04/2011

Datum	Konfliktverlauf	Akteur	Maßnahmen /Mandat, Umfang	Ergebnisse
25.10.2010		ECOWAS	Wahlbeobachtungsmission beginnt	
27.10.	Urnengang			keiner der Kandidaten kann eine absolute Mehrheit erringen, am 28.11. wird die Stichwahl abgehalten
1.12.		ECOWAS	Kommission ist in Kontakt mit Stakeholdern (Wahlbehörden und Kandidaten), um mögliche Gesprächsbereitschaft zu testen	
1.11.		ECOWAS	Bericht der Wahlbeobachtungsmission	Wahlen (und die Vorbereitungen) waren friedlich und Fair und transparent
5.12.		AU	Einleitung Gespräche durch Mbeki	
7.12.		ECOWAS	Suspendierung der Mitgliedschaft	
7.12.	UN briefed ECOWAS über Situation	UN	Verurteilung der Situation	UN betont eigene Schlüsselrolle bei den Friedensbemühungen
9.12.		AU	Suspendierung der Mitgliedschaft	
9.12.		USA	Drohen mit Sanktionen	
13.12.		UN	starten Untersuchungsmission als Voraussetzung für Sanktionen	
16.12.		ICC	gibt an, dass sämtliche Ereignisse genau beobachtet werden zwecks späterer Anklagen	
17.12.		AU ECOWAS	Übergabe eines Briefes von AU Kommission sowie von Vorstand ECOWAS (Goodluck, Nigeria)	
17.12.	Gewalt bricht am 16. verstärkt aus, nachdem Ouattara zu Protesten aufgerufen hatte, um das Staatsfernsehen wieder zu starten	UN	Ban Ki-Moon fordert Gbagbo zum Rücktritt auf	

117

Datum	Ereignis	Akteur	Aktion	Kommentar
20.12.	Gbagbo fordert UN und Frankreich auf, ihre Truppen aus dem Land abzuziehen	EU	smarte Sanktionen gegen Gbagbo	
20.12.		UN	Verlängerung des Mandates	
22.12.		ECOWAS	Bieten Asyl an in Nigeria	
22.12.		AU	Reconnaissance Team trifft sich mit zentralen Akteuren, um Panel of the Five Bericht über die Situation und die Standpunkte zu geben	
22.12.	Ouattara appelliert an die Armee, sich gegen Gbagbo aufzulehnen	Weltbank	Einstellung aller Zahlungen	
23.12.		USA	prüft mit ECOWAS Staaten, inwieweit die UN Mission in der Elfenbeinküste aufgestockt werden sollte	ECOWAS hat also mehr Verantwortung als USA?
23.12.		Frankreich	warnt Gbagbo, dass ein Rücktritt noch möglich sei, die Zeit aber nicht mehr lange dafür da sei	
23.12.		BCEAO	Einfrieren der Gbagbo Konten	
24.12.		ECOWAS	Erklärt Bereitschaft zu Intervenieren, falls es zu keiner Lösung käme, Ouattaras Position sei nicht verhandelbar	
27.12.		AU	erklären Odinga zum Chef-Mediator	
28.12.		ECOWAS	Mission mit Heads of States von Benin (Boni), Sierra Leone (Koroma) und Cap Verde (Pires) versuchen Mediation	keine spezifischen Ergebnisse
27.12.		UN	Eintreffen eines Mediators	
31.12.		UN	Informiert Gbagbo, dass er eventuell internationale Verbrechen begeht	
31.12.		UK	erklärt prinzipielle Bereitschaft, eine militärische Intervention zu stützen	entsprechende Resolution des UN Sicherheitsrates vorausgesetzt
31.12.		EU	Erweitert Sanktionen auf 59 Menschen	
01.01.2011		GB	Würde Intervention unterstützen	
2.1.		UN	Beauftragung der UNOCI, Kriegsverbrechen zu untersuchen	
3.1.		AU ECOWAS	Joint Mission for Mediation	Zusage beider Konfliktparteien, zu Verhandeln. Beschluss eines Treffens von ECOWAS und AU jeweils nur wegen Krise. Gbagbo wird zum Rücktritt aufgefordert
3.1.		USA	Bieten Asyl an in USA	
5.1.		Benin, Kenia, Kap Verde, Sierra Leone	garantieren Amnestie, falls Gespräche scheitern sollten	
10.1.		ECOWAS	ex-Präsident Obasanjo (Nigeria) trifft sich mit Gbagbo und Ouattara	
17.1.		AU	Odinga trifft sich mit Goodluck (ECOWAS)	
17.1.		Kenia	Odinga will Verhandlungen starten	Wird von Gbagbo abgelehnt, nachdem dieser ihm vorwarf, die Verhandlungen zu blockieren
17.1.		ECOWAS	Planung einer militärischen Intervention	
19.1.		UN	Aufstockung ONOCI um 2000 Peacekeeper	
22.1.		BCEAO	Vorsitzender der Bank wird durch andere Mitglieder zum Rücktritt gezwungen	er galt als Unterstützer Gbagbos und verhinderte das Beenden der Geldflüsse an Gbagbo
25.1.		EU	Droht mit Handelssanktionen	
25.1.		AU	Chairperson reist zur Elfenbeinküste zum Verhandeln	
28.1.		AU	PSC ernennt High Level Panel, um eine Lösung für die Krise zu finen	Soll einen Monat später berichten

Datum	Akteur	Ereignis	Anmerkung
29.1.	ECOWAS / UN	Ban Ki Moon trifft ECOWAS, gemeinsam handeln wird betont	
31.1.	AU	High Level Panel of (15) Experts gegründet	
6.2.	AU	Panel of 15 Experts	unternehmen 4 tägige fact-finding mission zur Vorbereitung der Panel of the Five
10.2.	AU	Experts und AU Security Commissioner treffen sich mit Wahlkommission in Elfenbeinküste	
16.2.	UN	Verstärkung von UNMIL soll bei UNOCI bleiben	
20.2.	AU	Panel of Five beginnen Meditation	Gbagbo unterstützt die Mediation, solange sein Sieg nicht angezweifelt wird
22.2.	ECOWAS	Rügt die Mediationsversuche der AU	Burkina Faso Präsident, Chef-Mediator der Friedensbemühungen seit 2005 sollte auch entspreehnd von AU geachtet werden
25.2.	UN	Man ist beunruhigt über die Situation, Pressemitteilung	
10.3.	AU	PSC sowie Südafrika und Angola bestätigen Ouattara als anerkannten Präsidenten, Bericht des High Panels	Außenminister Brito (Cap Verde) soll Lösungsvorschlag des High Panels umsetzen. Dies wird von Ouattara abgelehnt
11.3.	UN	erklärt sich bereit, Sanktion gegen jeden zu verhängen, der die Krise verschlimmert und in die Länge zieht	
21.3.	ICC	gibt bekannt, dass Informationen speziell zu Verbrechen gegen die Menschheit gesammelt werden	
21.3.	F	äußert sich optimistisch, dass Gbagbo aus dem Amt gejagd wird	
24.3.	ECOWAS	bittet UN um militärisches Eingreifen	
28.3.	AU	Jose Brito (ehem. Außenminister Kap Verde) soll verhandeln	wird von Ouattara als nicht-neutral zurückgewiesen
30.3.	UN	verhängt weitere smarte Sanktionen gegen Gbagbo, Sicherheitsrat hat Beschluss gefasst.	"letzte Warnung"
1.4.	AU	Vorsitzender Ping appelliert an Gbagbo, die Macht unverzüglich abzugeben	
1.4.	Global Elders	Kofi Annan, Desmond Tutu, Mary Robinson unternehmen Mediationsversuch	völlig eigenständige Initiative der zivilgesellschaftlichen Organisation, keine Ergebnisse
3.4.	F	stockt regionale Truppen auf, besetzt Flughafen, UN bittet um Unterstützung durch französische Soldaten	
4.4.		Pro-Gbagbo Führung bietet Verhandlungen an	
10.4.	F / UN	aktive Bekämpfung der Pro-Gbagbo Milizen wird begonnen	
3.4.	F	Pro-Ouattara Milizen gewinnen militärisch und nehmen immer weitere Gebiete ein	
			11.4. Festnahme Gbagbo

allgemeine Informationen
Intervention afrikanischer (sub-)regionaler Organisationen
Intervention afrikanischer nicht-regionaler Akteure
Intervention nicht-afrikanischer Akteure